I0247238

PHILIBERTE,

OU

LE CACHOT,

ROMAN ANECDOTIQUE DU RÈGNE DE LOUIS XIII;

Par M.me GUÉNARD, Baronne de MÉRÉ,

Auteur d'Irma, de St. Vincent de Paul, etc., etc.

Tant de perversité entre-t-il dans
l'ame d'une femme!

TOME PREMIER.

PARIS,

PIGOREAU, Libraire, Place St.-Germain-
l'Auxerrois, N.º 20.

1828.

PHILIBERTE,

ou

LE CACHOT.

Evreux, Imprimerie d'Ancelle fils.

PHILIBERTE,

OU

LE CACHOT,

ROMAN ANECDOTIQUE DU RÈGNE DE LOUIS XIII;

Par M.me GUÉNARD, Baronne de MÉRÉ,

Auteur d'Irma, de St. Vincent de Paul, etc., etc.

> Tant de perversité entre-t-il dans
> l'ame d'une femme!

TOME PREMIER.

PARIS,

PIGOREAU, Libraire, Place St.-Germain-
l'Auxerrois, N.° 20.

1828.

AVANT-PROPOS.

Peu de tems avant nos troubles politiques, voyageant dans les provinces du centre de la France, je traversais le Berri, et frappé de la beauté des prairies que le Cher arrose, et de la multitude des troupeaux qui les couvrent, j'avais résolu de passer quelque tems dans ces gras pâturages, dont les habitans me parurent heureux et paisibles. D'abord, je m'étais arrêté dans une abbaye de Bernardins, dont un de mes oncles était procureur; mon parent me promit de me donner une lettre pour le fermier d'une grosse ferme, qui était au village de Bonneville, et appartenait aux religieux, me disant que si je m'y arrêtais, le fermier, dont l'âge était fort avancé, me raconterait les malheurs des anciens seigneurs et les crimes de la fille de l'un d'eux; crime qui porta, dit-il, l'un de ses descendans à donner cette belle terre, après sa mort, à notre maison, afin que son aïeule arrivât au repos éternel, que l'on avait de fortes raisons de douter qu'elle eût obtenu sans nos prières ; il ne reste de ce château que quelques tours en assez mauvais état.

« Cette histoire vous intéressera, dit-il, et vous y trouverez un but moral ; je vous engage à la mettre en ordre, et à la donner au public. » Je pensai qu'en effet je pourrais en tirer un parti avantageux, et je me hâtai de me rendre chez le bonhomme Richard. Après avoir passé quatre jours avec mon cher oncle, je le quittai, et vins à Bonneville. Antoine Richard aimait beaucoup mon oncle : aussi ouvrit-il sa lettre avec empressement. Il ne savait quelle fête me faire, s'excusant sur ce qu'il ne pouvait pas me recevoir suivant mes mérites ; je l'assurai que je me trouverais toujours bien. Je passe sur les détails peu intéressans pour le lecteur, de la réception amicale que me fit cette famille, ce qui m'enhardit dès le soir à dire à M. Richard que mon oncle m'avait assuré qu'il savait tout ce qui s'était passé dans le village de Bonneville, il y avait plus d'un siècle, et qu'il me ferait grand plaisir de me l'apprendre ; j'ajoutai qu'ayant entendu parler de l'histoire de la dame Philiberte de Bonneville, je lui aurais beaucoup d'obligation s'il voulait bien avoir la complaisance de m'apprendre ses aventures.

Je savais que les vieillards aiment à raconter : ils font du passé une sorte de présent, et substituent aux événemens monotones de la vieillesse, ce qu'ils ont vu ou éprouvé dans l'âge heureux qui s'écoule. Bercé par les prestiges de l'imagination, le bon Richard se rappelait avec délices ces bienheureuses veillées, où les jeunes filles étaient si peu gardées par leurs mères, que l'on trouvait toujours un moment favorable pour exprimer à sa Belle tout son amour; et comme c'était dans les réunions nocturnes que la vieille mère Richard parlait souvent de la dame de Bonneville, il se sentait rajeuni lorsqu'il se reportait à cette époque; aussi ne se serait-il pas fait prier pour me raconter tout ce qu'il avait entendu dire à sa grand'mère, de la dame de Bonneville. Mais voyant que je désirais vivement m'instruire en détail de ces événemens, qui se trouvaient mêlés avec les troubles de la régence de Louis XIII, il me dit: « Cette histoire a été recueillie par un moine de l'abbaye qui desservait la cure de Bonneville. Ayant toujours été bien accueilli par ma grand'-mère, qui ne le laissait jamais manquer de rien, par reconnaissance il lui a laissé en mourant un beau livre, qui contient tout ce qui a rapport à la dame de Bonneville, et si vous voulez le lire, je vous le confierai, mais à condition, que vous me ferez l'honneur de rester ici, jusqu'à ce que vous l'ayez fini. » J'assurai le père Richard que j'acceptais avec un grand plaisir ce qu'il m'offrait. Après le souper, il me conduisit dans une chambre dans laquelle mon parent logeait lorsqu'il venait à la ferme, soit pour renouveller le bail, soit pour faire faire des réparations. Elle était très-propre et fort commode, et le lit me parut excellent. Le père Richard me remit le manuscrit, et m'engagea à le lire lentement, pour qu'il eût le plaisir de me garder plus long-tems. Je le remerciai, et conçus dès-lors le projet de le copier, d'en rajeunir le style, et à mon retour à Paris, de le donner à un libraire pour qui j'avais de l'amitié, afin qu'il fît imprimer ces Mémoires. J'ai exécuté mon projet, et c'est dans le manuscrit du Bernardin que j'ai puisé les faits dont j'offre le récit au lecteur oisif, et qui n'a rien de mieux à faire que de me lire.

PHILIBERTE,

OU

LE CACHOT.

CHAPITRE PREMIER.

Le baron de Bonneville était né dans le château de ce nom, que ses ancêtres possédaient de tems immémorial. Resté maître de ses actions de fort bonne heure, il n'abusa pas de sa liberté, et fut beaucoup plus touché de la perte des auteurs de ses jours, qu'il n'apprécia la possibilité de faire ce qui pouvait lui convenir. Jamais homme ne reçut de la nature des qualités plus aimables; il avait fait depuis son enfance les délices de ses parens; et quand ils le virent arriver à l'âge si dangereux de la jeunesse, ils n'en éprouvèrent aucune crainte, parce qu'Adolphe avait des principes, dont ils étaient bien sûrs qu'il ne se départirait jamais. Aussi, lorsqu'une maladie terrible et contagieuse, enleva M. et madame de Bonneville presque le même jour, ils ressentirent un vif chagrin de ne pas embrasser ce fils qui leur était si cher. Il servait alors sous Henri IV; mais ils ne marquèrent aucune inquiétude que leur mort, en lui assurant une entière liberté, pût changer ses mœurs. Ils chargèrent le digne pasteur qui soutenait leur pieux courage dans les derniers momens de la vie, de leurs bénédictions pour ce cher fils. Adolphe apprenant ces tristes nouvelles, fut désespéré de la perte de ses dignes parens, et profita de la paix que le Roi donnait à l'Espagne, pour venir pleurer sur leur tombe.

Voyant que sa présence était nécessaire dans ses possessions, et qu'il y avait tout lieu d'espérer que la paix serait durable, Henri désirant laisser ses peuples respirer après tant de désastres, Adolphe pensa qu'il serait plus utile à son pays, en s'occupant à améliorer ses terres, que dans un camp, à former des soldats, dont l'indiscipline les rendait alors redoutables à leurs concitoyens.

Dès que l'homme est rendu à la nature, il ne peut plus rester seul ; il semble qu'il lui manque une moitié de lui-même. Le tumulte des armes s'accorde avec le célibat ; mais la vie patriarchale ramène aux affections de famille. Le désir de voir perpétuer notre existence, devient chaque jour plus vif, mais surtout il s'accroît lorsque l'on rencontre l'objet qui paraît destiné à faire notre bonheur. Ce fut ce que le baron éprouva la première fois qu'il vit la belle Alix de Lignac. Elle était venue avec sa mère, passer quelque tems chez madame de Blézaire, dont l'habitation était voisine de celle de M. de Bonneville. Alix était fille unique d'un colonel qui avait été tué à la bataille d'Ivry, dans l'armée royaliste. Sa veuve, restée presque sans fortune, passait une partie de l'année à Lamballe, petite ville de Bretagne, et le reste, dans les châteaux de ses parens, et de ceux de son mari. Depuis long-tems, madame de Blézaire, sa sœur, l'engageait à venir dans le Berri. L'éloignement et la difficulté de voyager pour une femme, seule avec une jeune et belle personne, avait toujours fait ajourner ce projet; enfin, madame de Blézaire ayant fait une grande maladie, se crut au moment de mourir, et elle ressentait encore plus vivement sa longue séparation d'une sœur qu'elle aimait tendrement. Son mari était âgé et infirme; elle avait perdu ses deux fils dans l'armée de la Ligue. Ils y étaient entrés, quoique ce ne fût pas l'opinion de M. et de madame de Blézaire, qui étaient sincèrement attachés à Henri. Ainsi, la mort de leurs fils avait été une double infortune pour eux, car ils pleuraient, et la mort de leurs enfans et leur désobéissance. Julie avait donc un besoin extrême de trouver un cœur qui pût compatir à sa peine ; et surtout elle avait un vif désir de voir sa nièce, qu'elle regardait comme son héritière. Enfin Emilie, c'était le nom de madame de Lignac, céda au désir de sa sœur ; et la paix, rendant les communications plus faciles, elle partit en litière (1), avec Alix, sa fille ; et elles arrivèrent dans le petit castel de Julie, qui ne se possédait pas de joie, quand elle les vit arriver chez elle, et qu'enfin elle fut en possession des objets de son affection, qu'il y avait près de dix ans qu'elle n'avait vus; elle fut frappée, en considérant les traits décolorés de sa sœur, du ravage que le tems avait

---

(1) Les femmes, à cette époque, voyageaient ainsi, ou à cheval. Henri IV n'avait qu'une voiture, qu'il nommait *sa coche*.

fait sur une figure, que l'on regardait avec raison autrefois comme aussi belle qu'agréable ; et emportée par un sentiment involontaire, se repliant sur elle-même, jugeant qu'elle devait être aussi changée que madame de Lignac, elle s'écria, comme si elle ne faisait que s'en apercevoir : « Ah ! ma sœur, que nous sommes vieillies ! — Je le sais bien, ma sœur, mais voilà qui me rajeunit, » en montrant son Alix ; Alix avait la fraîcheur de dix-sept ans, avec des traits réguliers et gracieux ; sa physionomie était si aimable, que l'on ne pouvait la voir sans en être charmé : sa taille était souple et très-élégante ; elle avait une main faite au tour, et le plus joli petit pied que l'on pût voir. Madame de Blézaire vit au premier instant combien sa nièce était charmante, et combien elle annonçait un caractère aimable. Alors, elle se souvint qu'elle avait été aussi mère de deux fils, doués des mêmes qualités, et que la fureur des Partis l'en avait privée; et elle sentit ses paupières se mouiller. « Ah ! dit-elle, si Francisque l'avait vue, il l'aurait aimée, et les ligueurs ne me l'auraient point enlevé. » Madame de Lignac s'aperçut que la présence de sa fille renouvelait dans sa pauvre sœur le souvenir de la grandeur de ses pertes, et elle était presque fâchée d'être une mère aussi heureuse, tandis que la compagne, l'amie de son enfance, était privée pour toujours du plus grand des biens. Mais, ce premier moment passé, madame de Blézaire trouva dans la société de sa sœur et de sa nièce, une extrême consolation : elle en avait d'autant plus besoin, que M. de Blézaire, beaucoup plus âgé que sa femme, et que la conduite et la mort de ses fils avaient profondément affligé, penchait vers la tombe. Né avec un caractère peu communicatif, son union avec une femme charmante, n'avait point éclairci le nuage de misantropie qui obscurcissait les qualités essentielles qu'il avait reçues de la nature ; et ses derniers malheurs l'avaient rendu si taciturne, qu'il ne parlait plus que par monosyllabes : il s'enfermait quelquefois la moitié du jour, sans vouloir voir personne. Il ne mangeait presque pas, dormait encore moins; aussi, était-il devenu si maigre, qu'il paraissait un véritable squelette, et quand sa femme le pressait de consulter un médecin, il répondait, qu'il mourait de la main des Ligueurs, et qu'à leurs coups, il n'y avait pas de remède. En effet, deux mois après l'arrivée de sa belle-sœur, il termina sa carrière, laissant à sa compagne tout ce qu'il possédait, et qui n'était pas considérable ; car, ayant passé sa jeunesse à la Cour de Charles IX, il avait vendu la plus grande partie de ses terres, pour y paraître avec éclat. Il avait suivi Henri III en Pologne ; et lorsque ce prince périt de la main d'un forcené, il fut un des premiers à jurer amour et fidélité à Henri IV ; mais il ne put l'accompagner dans la conquête de son Royaume, parce qu'il fut à ce moment attaqué de la goutte, avec une telle violence, qu'elle lui ôta toute possibilité de monter à cheval, et souvent même de marcher. Alors il se retira dans une petite Maison seigneuriale, qui lui restait dans un des faubourgs de Vierzon. Il trouva madame de Blézaire disposée à lui sacrifier tous les momens de sa vie, pour adoucir ses souffrances; mais il apprit, en arrivant à Vierzon, que ses fils, au moment de son départ de Saint-Cloud, où était l'armée des deux rois, avaient quitté leurs drapeaux, et étaient passés sous ceux des Guises, enfermés dans Paris. Ils furent tués l'un et l'autre, dans une sortie; et, comme nous l'avons dit, rien ne put consoler M. de Blézaire, et de leur infidélité et de leur mort.

CHAPITRE II.

Julie n'avait jamais été vraiment heureuse dans son union avec M. de Blézaire; mais la douceur de son caractère, son attachement à ses devoirs, lui avaient fait une habitude de sa chaîne, qu'elle ne vit pas briser sans douleur. D'ailleurs, dans les derniers momens de sa vie, M. de Blézaire lui témoigna tant de reconnaissance des soins qu'elle lui prodiguait depuis dix ans, la recommanda à sa belle-sœur, avec des expressions si touchantes, qu'elle se reprochait intérieurement de n'avoir pas toujours rendu justice à son époux, qui n'avait peut-être eu d'autre tort, que de renfermer en lui-même sa sensibilité, dans la crainte qu'on ne l'accusât de faiblesse ; et on pouvait en effet dire de lui, que les atteintes de la mort, avaient fait échapper malgré lui ses secrets sentimens. Enfin, s'il n'avait pas prouvé à Julie, pendant sa vie, qu'il l'aimait de manière à la rendre heureuse, il ne le lui prouva que trop à ses derniers momens, en sorte qu'il lui fit ressentir une douleur de sa perte, dont elle ne croyait pas être susceptible. Ainsi, vivant ou mort, il attrista son pauvre cœur, que la nature avait formé pour la plus douce félicité. Cependant, elle ne cessait de bénir le ciel d'avoir décidé Emilie à la venir joindre, avec sa chère Alix, pour qui elle prit la plus tendre affection. Elle passa l'année du deuil presqu'entièrement seule, avec sa sœur et sa nièce ; et le charme de leur amitié adoucit tout ce que les circonstances avaient de douloureux pour Julie : elle leur avait fait promettre, et elles n'eurent point de peine à prendre cet engagement, qu'elles ne la quitteraient pas. Emilie afferma le peu de bien qu'elle avait auprès de Lamballe, et se fixa, entièrement avec sa fille, à Vierzon.

Qui n'a pas connu dans sa vie un de ces êtres qui fondent toute leur existence sur la société, et se rendent nécessaires, qu'on le veuille ou non ? C'est principalement dans les petites villes de province que les individus de cette espèce s'arrogent plus de puissance que partout ailleurs, surtout, si, par hasard, le personnage dont nous parlons, a eu quelque rapport avec la Cour. Alors, c'est l'oracle de la petite ville, si c'est un homme, c'est lui qui décide en politique, avec l'assurance du plus ancien diplomate. Il a des correspondances secrètes, dira-t-il, avec les plus grands personnages de l'Etat; et semblable à la mouche du coche, rien, à l'en croire, ne se fait que par lui. Il protège, il conseille, enfin, il se mêle de tout, et rien n'est bien fait que par lui. Ce caractère insupportable dans un homme, est bien pis dans une femme; et pour le malheur de la ville de Vierzon, elle avait donné naissance à Zéphirine de Memnon, dont la mère avait été fille d'honneur de Catherine de Médicis, qui avait marié Zéphirine à un pauvre gentilhomme, nommé Sériol.

Celui-ci s'était trouvé dans Paris, à la Saint-Barthélemi, et n'avait point été un de ceux qui s'y était montré le moins fanatique: pour récompense, on le nomma gouverneur de Vierzon; et il fut obligé de prendre, avec la place, Zéphirine pour femme; quoiqu'il n'eût rien de remarquable, ni pour la figure, ni pour l'esprit, il était fort difficile; et mademoiselle de Memnon ne lui paraissait, ni assez riche, ni d'une naissance assez illustre pour lui; mais, comme il fallait prendre la femme où renoncer au gouvernement, il prit l'une et l'autre, et il fut aussi mauvais mari que mauvais gouverneur. Lorsque Henri-le-Grand parvint au trône, M. de Sériol fut destitué, ayant été soupçonné d'avoir trempé dans une conspiration contre ce prince,

Il quitta Vierzon, et laissa sa femme se tirer d'affaires comme elle l'entendrait. Zéphirine joua le rôle d'amante abandonnée, jeta feu et flammes contre son mari, afficha les principes du plus pur royalisme, se fit dévote, et ne fut qu'intrigante. Elle n'avait que vingt-sept ans, lorsque son mari mourut, et heureusement il ne lui laissa point d'enfant. On ne pouvait pas dire qu'elle eût été jolie, mais sa physionomie spirituelle, la beauté de son teint, des dents superbes, lui donnaient beaucoup d'éclat : elle eût pu faire des conquêtes, mais son cœur, aussi froid que sa tête était vive, la préserva des dangers de l'amour; cependant elle se mêlait de celui des autres, et se rendait ainsi nécessaire. Il ne se faisait pas un mariage dans la ville, dont on ne lui fît honneur. Elle présidait au trousseau, à l'ordonnance du repas ; tout était réglé d'après les usages de la Cour ; et rien n'eût été trouvé bien qu'elle ne l'eût approuvé ; aussi faut-il en convenir, elle avait de l'esprit et du goût, et il était difficile de se défendre de ses cajoleries ; dès qu'elle avait dit, qu'elle était votre amie, il fallait lui en accorder les droits ; rien n'était plus opposé à cette manière d'être, que celle des deux sœurs. Aussi, pendant long-tems, elles n'avaient pas voulu se lier avec elle, mais elle fit tant, qu'elles la reçurent. Elle vit Alix, et se mit dans la tête de lui rendre service, et à sa famille, toujours, suivant sa coutume, pour se le rendre à elle même.

Elle avait su que M. de Bonneville avait quitté le service, et s'était retiré dans ses terres ; elle ne le connaissait que de vue. La mère du baron, n'avait jamais voulu la recevoir chez elle, et, sous un prétexte ou sous un autre, elle avait toujours éludé les propositions que d'autres femmes de sa société, lui faisaient, de lui présenter madame de Sériol. Celle-ci n'avait donc aucune raison d'aller au château de Bonneville, et elle fut obligée de chercher un expédient qui pensa lui coûter la vie, pour avoir une occasion de faire connaissance avec l'héritier de la belle terre de Bonneville, jeune homme de vingt-cinq ans, de la plus belle figure, modèle de sagesse, de bonté, de générosité. Elle avait bien résolu de ne pas permettre, qu'il se mariât, d'aucune autre main que de la sienne. C'est un présent qu'elle voulait faire à quelqu'une de celles qui lui paraîtrait la plus capable de reconnaissance pour un si grand service; mais je le répète, il fallait, pour se mêler de marier le baron, être au moins censée de ses amies, et être reçue chez lui, ce qui n'était pas très-facile, car il ne voyait pas de femme, n'ayant dans son château aucune parente pour en faire les honneurs. Il ne venait à Vierzon, que chez ses gens d'affaires, ou pour y faire des emplettes. Ce fut ainsi qu'un jour Adolphe rencontra chez une marchande, madame et mademoiselle de Lignac; il s'informa de leur nom, et répéta deux fois en parlant de la fille : elle a une figure céleste. Madame de Sériol avait su ces circonstances, et bâti sur elles son roman.

Elle savait que le baron prenait souvent le plaisir de la pêche, dans une isle du Cher, qui bordait son parc d'un côté. Zéphirine loue une petite barque à voile, telle qu'on en voit sur la Loire, s'embarque à peu de distance de Vierzon, et descend la rivière environ une lieue, n'ayant pour la conduire qu'un enfant de treize à quatorze ans. Quand elle est arrivée en face de l'isle, où elle voit le baron et ses gens occupés à tendre des filets; elle se penche d'un côté de la frêle nacelle, qu'elle ne croyait pas devoir renverser si facilement : elle ne voulait qu'attirer l'attention d'Adolphe; mais tout à coup elle se trouve au milieu de l'eau elle et son conducteur. Le baron donne ordre aussitôt que l'on vole à son secours, prêt à s'exposer lui-même si on ne la ramenait promptement au rivage. Ces soins ne furent point inutiles; et en fort peu d'instans, on la porta à terre: un lit bien chaud fut préparé; car il y avait dans l'isle une petite maison que le pêcheur occupait avec sa femme, dans laquelle le baron s'était réservé un fort joli logement; on avait aussi retiré le petit marinier, mais il n'avait point perdu connaissance, de sorte qu'ayant bu un grand verre de vin chaud, il remit sa barque à flot, et retourna à Vierzon.

Madame de Sériol, au contraire, eût été bien fachée de quitter Bonneville; loin donc de paraître recouvrer la connaissance, qu'elle n'avait en effet perdue qu'un moment, elle prolongea les apparences d'évanouissement le plus qu'elle put, sans faire soupçonner la vérité; enfin elle ouvrit languissamment les yeux : et, après les mots d'usage en semblable circonstance : ou suis-je ?.... Qui m'a conduite ici ?.... Elle parut apprendre, avec la plus extrême surprise, qu'elle se trouvait chez le baron de Bonneville, qui lui prodiguait les soins les plus empressés, moins comme à une jolie femme, madame de Sériol ne l'était plus, que par ce sentiment de bienveillance, qui portait Adolphe à soulager son semblable : il lui raconta, avec toutes les marques d'un véritable intérêt, les circonstances de son accident, qui eût pu devenir très-funeste; comme elle s'informait de ce qu'était devenu le conducteur de la barque, M. de Bonneville l'assura qu'il n'avait rien éprouvé de fâcheux, et qu'il devait être de retour chez lui : il a eu, dit-elle, le plus grand tort de partir sans moi; me sentant fort mal à la tête, j'avais envoyé louer un petit bateau pour la journée, et je comptais, après avoir pris le plaisir de la promenade sur la rivière, m'en retourner ce soir à Vierzon. —J'ai pensé, madame, que cela serait très-imprudent, et je me flatte que vous voudrez bien accepter de passer la nuit au château ; et demain matin, j'aurai l'honneur de vous reconduire à Vierzon.

Je sais, reprit en minaudant madame de Sériol, que n'étant plus très-jeune, et n'ayant jamais été jolie, je pourrais sans crainte accepter ce que vous me proposez, monsieur, avec tant de grâces ; mais je suis bien sûre que si j'y consentais, ce serait pendant quinze jours le sujet de toutes les conversations de la ville; vous êtes si jeune, et puis enfin, vous n'êtes point marié;.... c'est impossible; seulement, j'accepte votre calèche pour ce soir; si vous voulez donner des ordres pour qu'elle vienne me prendre, je partirai d'ici, et je serai arrivée à Vierzon avant la nuit. — Il est bien plus simple de vous reposer; votre évanouissement a été très-long. J'ai envoyé chercher mon médecin, afin qu'il vous dise, madame, si vous n'avez pas de précautions à prendre pour que cet événemen n'ait pas de suites; et vous pensez bien dans quelle colère serait le disciple d'Hypocrate, s'il ne trouvait pas un malade qu'il viendrait guérir. — Je me porte bien. — Je le répète, ce serait une imprudence de se mettre en route ce soir. » Elle se fit encore prier, et cependant finit par céder, et demanda à M. de Bonneville de lui envoyer sa femme de charge pour l'aider à s'habiller ; mais ce ne pouvait être avec ses vêtemens ; sa robe et ses jupes n'étaient pas sèches, quoiqu'on les eût mises devant un grand feu, pendant qu'elle était dans son lit, n'ayant d'autre habillement qu'une chemise de grosse toile, appartenant à la femme du pêcheur. Madame Jeannin, que son maître envoya, apporta à madame de Sériol tout ce qu'il fallait pour changer. Elle avait été femme de chambre de madame de Bonneville la mère, qui lui avait laissé toute sa garde-robe, et de très-beau linge, de sorte que Zéphirine pût même faire une toilette agréable.

CHAPITRE III.

Peu après, M. de Bonneville vint lui offrir son bras pour la conduire au château, où un dîner excellent était servi; mais au moment de se mettre à table le médecin arriva, et après s'être fait rendre compte de l'accident que Zéphirine avait éprouvé, il voulut prescrire un régime. M^e. de Sériol l'assura qu'elle se portait bien, à la fatigue près, que la secousse violente qu'elle avait éprouvée, lui faisait sentir. Il fallut que le docteur bornât son ordonnance à quelques verres de limonade, dans la soirée, et à se coucher de bonne heure; il ajouta qu'il viendrait le lendemain voir comment elle se trouvait. « Ce n'est pas la peine, j'ai du monde à dîner à Vierzon, et il faut que je sois chez moi avant midi : si M. de Bonneville veut me faire l'honneur d'augmenter le nombre des convives, et qu'il veuille vous amener, docteur, vous jugerez mieux de mon état qui, je crois, ne sera pas très-inquiétant. »

Le baron et le docteur acceptèrent, le second ne refusa pas non plus de prendre sa part des mets dont l'agréable odeur excitait son appétit. Madame de Sériol parut enchantée qu'il rompît le tête-à-tête assez embarrassant, en effet, pour une femme à qui il reste des prétentions, jointes à la presque certitude qu'il faut qu'elle y renonce. La présence du docteur la mit plus à son aise ; elle ne s'occupa qu'à faire valoir son esprit par une conversation très-agréable, et dans laquelle elle en montra beaucoup, et affecta d'excellens principes. Le docteur était un homme très-instruit, qui ne manquait point d'usage du monde, étant admis dans tous les châteaux des environs. M. de Bonneville avait de la gaîté, de la bonhomie, non de celle que la nullité accompagne quelquefois, mais de celle qui tient à un cœur excellent et à une opinion favorable de ses semblables. Madame de Sériol, qui n'avait pas perdu de vue son projet, amena, avec beaucoup d'adresse, la conversation sur madame de Lignac. Elle savait que le docteur Sourdal avait assisté aux derniers momens de M. de Blézaire, et elle était certaine qu'il ne pouvait avoir connu la mère et la fille, sans avoir pour elles une grande estime ; en effet, il fit de ces dames le plus parfait éloge, et madame de Sériol ajouta que c'était bien malheureux que cette jeune personne si jolie, si intéressante, fût sans fortune, et par conséquent qu'elle ne pourrait pas se marier ; et, sans ajouter un mot, elle changea de discours. M. de Bonneville aurait voulu en savoir davantage sur Alix, car, comme nous l'avons dit, il l'avait vue et il en avait conservé un tendre souvenir. Zéphirine ne lui laissa pas le tems d'apprendre rien de plus, et, s'emparant de la conversation, elle parla morale, physique, politique, et d'Alix pas un mot.

Après le dîner il vint un orage épouvantable qui ne permit pas au docteur de monter à cheval. Le tonnerre déployait toute sa magnifique harmonie sur les rives du Cher ; pour rompre un bruit plus imposant que redoutable, madame de Sériol proposa un trictrac, et fit si bien qu'il fût impossible au baron de satisfaire sa curiosité ; quand il faisait une question, Zéphirine répondait : 6 5, ou bien, « vous faites une école ; vous battiez à faux. » Et ainsi elle troublait si bien ce pauvre baron qu'il perdit l'impossible. On vint avertir que le souper était servi ; pendant le repas, elle fut si aimable, si gaie, que le baron se livra à tout le charme qu'elle répandait dans la conversation. En sortant de table, elle demanda la permission de se retirer : elle laissa le baron et le docteur. Le baron aurait bien pu faire à celui-ci les mêmes questions qu'à madame de Sériol, mais ce n'était pas la même chose ; d'ailleurs, il ne voulait pas que l'on devinât la pensée vague que les éloges de madame de Sériol lui avait données sur Alix, et il résolut de la renfermer dans son cœur, et elle n'y fit que plus de progrès. Comme madame de Sériol l'avait pensé, il se leva avec l'aurore et se promena dans les bosquets. Celle-ci s'étant aussi levée, l'aperçut et, ayant mis quelques soins à sa toilette, elle descendit comme si elle eut voulu jouir de la fraîcheur de la matinée, et admirer les jardins qui étaient magnifiques. Elle eut donc l'air tout étonnée de rencontrer le baron dans le bosquet, où elle voulait paraître y chercher la solitude, et même après l'avoir salué, elle fit un pas pour se retirer, mais Adolphe l'arrêta en lui prenant la main, et la suppliant de vouloir bien lui accorder un moment d'entretien secret, puisque le ciel lui en fournissait une si heureuse occasion. Madame de Sériol mit, avec beaucoup d'adresse, la nuance nécessaire pour donner à penser qu'elle éprouvait l'embarras d'une femme qui se croit encore capable d'inspirer quelques tendres pensées et feignant la dignité de la vertu, la seule grâce qui convient aux femmes sur le retour; elle baissa les yeux, s'arrêta et dit à Adolphe: « Si je suis à même de faire quelque chose qui vous soit agréable, je vous dois, monsieur, trop de reconnaissance, pour ne pas écouter avec intérêt ce que vous avez à me dire ; mais il me semble que nous serions mieux au château ; l'air est un peu frais ce matin et les gazons trop humides pour s'asseoir sous ces arbres, qui ne laissent pas le soleil pénétrer leur antique ombrage. Venez dans le salon. » Et elle prit le chemin qui y conduisait : Adolphe n'osa pas insister, il sourit intérieurement de la crainte que la chère Zéphirine semblait éprouver, et lui offrit son bras ; ils entrèrent dans le salon. Madame de Sériol s'assit dans une grande bergère, le baron prit un pliant qu'il approcha, et lui demanda, avec un embarras visible, si tout ce qu'elle avait dit d'Alix et de sa mère était bien vrai ? « De la plus parfaite exactitude. — Et elle est sans fortune ? — Sans aucune, car on ne peut pas compter le douaire de sa mère, qui s'éteint avec elle, et est peu considérable ? — Et on ne pense pas à la marier ? — Se marie-t-on quand on n'a rien ? — Et vous croyez qu'elle rendrait un mari heureux ? — Le plus heureux des hommes, parce qu'elle réunit tout ce qui assure le charme d'une tendre union : figure agréable ; — je l'ai vue et j'avoue qu'elle m'a charmé, elle joint à cet avantage des talens, beaucoup d'esprit, et une raison bien au-dessus de son âge, une piété douce qui n'altère point son aimable gaîté, j'ajouterai qu'étant la fille la plus tendre, elle sera épouse fidèle et mère sensible. » Le baron écoutait avec la plus extrême attention ; et lorsque madame de Sériol eut cessé de parler, il lui prit affectueusement les mains en lui disant : « Ah ! madame, si vous avez daigné croire que j'ai été assez heureux pour vous arracher à une mort qui paraissait certaine, il serait bien digne de vous, pour prix de vous avoir sauvé la vie, de vous occuper à embellir la mienne; j'ai atteint l'âge où le feu de la jeunesse s'unit à la réflexion; mon isolement m'afflige, car je n'ai aucun objet avec qui je puisse exercer ce besoin d'aimer que tout homme reçoit de la nature : mais qui est plus ou moins expansif, suivant les dispositions particulières. Pour moi, je sens que j'aimerai à l'idolâtrie celle à qui je consacrerai ma vie, qu'elle disposera de moi avec le plus grand empire. C'est pour cela qu'il me faut choisir une compagne douce, sensible, digne d'être chérie, respectée et qui n'abuse pas de ma faiblesse. — Je suis loin, monsieur, de croire que vous vous laissiez gouverner par une femme qui n'en serait pas digne, mais je puis vous assurer qu'Alix n'en aura pas seulement le projet, car c'est la jeune personne la plus soumise à sa mère que l'on puisse connaître, et cette habitude d'obéir, ne donne jamais à une femme le désir de dominer. Alors, il fit beaucoup de questions pour savoir de quelle manière ces dames vivaient, et surtout, si le cœur de la jeune personne était libre. « Je le crois, répondit Zéphirine, car depuis qu'elles demeurent chez madame de Blézaire, et surtout, depuis la mort du mari, elles ne voient qui que ce soit, et lorsqu'elles demeuraient à Lamballe, elle était encore fort jeune ; la satisfaction que elle paraît avoir eue, en quittant cette ville, n'annonce pas qu'elle y ait eu aucun sentiment de préférence,

— Tout ce que vous me dites, reprit le baron, m'affermit, madame, dans la résolution où je suis, de demander mademoiselle de Lignac en mariage. — Vous ne serez sûrement pas refusé de la mère ! — Mais je ne veux faire aucune démarche auprès de cette dame, sans d'abord m'être assuré que je ne déplais pas à sa fille ; combien de parens sacrifient le bonheur de leurs enfans à leurs intérêts ? Je ne connais pas madame de Lignac, mais il se pourrait... — Jamais: c'est la mère la plus tendre, et qui, pour tout l'or du Potôse, ne voudrait pas condamner sa fille à la douleur d'être unie à un homme qu'elle n'aimerait pas, et qui lui rendrait ses devoirs pénibles. — Eh bien ! madame, ne me trouverez-vous pas bien téméraire, malgré tout ce que vous me dites, d'exiger de vous, (et par quel droit osai-je me servir d'une telle expression); je dis bien plus tôt, de vous supplier de parler de moi à mademoiselle de Lignac sans que sa mère en soit instruite; de vouloir bien lui demander si elle daignerait m'accorder sa main, si elle était libre d'en disposer, et si elle consentira sans peine à ce que j'en parle à sa mère. — Je le ferais avec grand plaisir, mais ce serait nuire à vos intérêts; vous indisposeriez Alix contre vous, elle prendrait mauvaise opinion de moi; elle se plaindrait à sa mère, qui, avec raison s'offenserait de ma conduite avec sa fille, et nous serions brouillées pour toujours; au lieu que si vous vous en rapportez à moi, pour la manière de suivre cette affaire, je suis bien certaine du succès. Adolphe convint de la justesse des observations de madame de Sériol, qui lui promit de faire pour le mieux.

Le baron pria madame de Sériol de ne parler à personne, excepté à madame de Lignac, de ses projets. On pense bien qu'Adolphe ne chercha pas à la retenir chez lui, il était trop empressé qu'elle entamât cette importante négociation ; aussi, hâtant toute chose, il demanda le déjeûner une heure plutôt que de coutume, donna ordre qu'on mît les chevaux à la calèche, bien avant l'instant auquel il pouvait partir, et il accusait intérieurement madame de Sériol, de lenteur et de coquetterie, ne la voyant pas descendre dans la salle à manger, où il l'attendait pour déjeûner : quant au docteur, il était parti dès la pointe du jour. Enfin, madame de Sériol arriva dans la plus agréable parure de voyage, et vraiment la toilette lui ôtait quatre années; le plaisir qu'elle ressentait, d'être aussi sûre de venir à bout de s'assurer l'amitié et les égards du baron, lui donnait un air de satisfaction qui sied à tout le monde, et surtout aux femmes. Lorsqu'elle arriva à Vierzon, où tout le monde avait appris son accident, on l'assura qu'apparemment le bain lui avait été favorable, car elle n'avait jamais eu un plus beau teint. M. de Bonneville, qui l'avait amenée le matin, après avoir répété la parole de venir dîner, alla faire quelques visites dans la ville, ayant le dessein d'apercevoir Alix; il la vit en effet, qui se promenait sur le rempart avec sa mère, et fut encore plus enchanté de sa figure, parce qu'il y trouvait l'expression des vertus qu'on lui accordait : Adolphe (c'était le nom de M. de Bonneville) vint chez Zéphirine comme il le lui avait promis, plus amoureux que jamais de mademoiselle de Lignac. Le docteur s'y trouva aussi avec le doyen du chapitre, et deux vieux militaires qui avaient fait la guerre sous Henri II. Le dîner, dans lequel on servit plusieurs pièces de gibier, que le baron avait fait porter chez madame de Sériol, fut fêté par les convives, enchantés de trouver si bonne chère chez la veuve ; il la quittèrent néanmoins, l'un pour aller au chœur, le médecin pour voir ses malades, les vieux officiers pour lire les nouvelles chez le procureur fiscal ; madame de Sériol ne les retint pas.

Brûlant du désir d'obtenir Alix,

M. de Bonneville resta seul, et pria madame de Sériol de voir madame de Lignac le plus tôt possible. Elle lui promit qu'elle allait mettre ses coiffes et son écharpe, qu'elle se rendrait directement chez madame de Blézaire, et qu'elle passerait la soirée chez ces dames. Il lui réitéra ses remercîmens, et lui fit toutes les offres de service que l'on peut imaginer, et quoiqu'elle mourût d'envie d'accepter, (car elle était dans une grande gêne, et qu'un emprunt d'une centaine de louis lui cût été très-agréable,) elle pensa qu'elle en trouverait plus tard l'occasion, et elle se tut.

Il la quitta, et elle se rendit chez les deux sœurs, qui comme nous l'avons dit, n'avaient pas beaucoup d'amitié pour elle, mais qui la recevaient, parce qu'elles craignaient de s'en faire une ennemie. Elle eut l'air encore plus caressant que de coutume, surtout avec Alix, qui y répondait assez froidement, parce que rien n'est plus opposé à la naïve innocence, que l'intrigue. Il vint plusieurs personnes chez ces dames, et Zéphirine saisit l'instant de dire à mademoiselle de Lignac : « Trouvez-vous demain dans le jardin de madame de Blézaire, vers les dix heures du matin, et vous apprendrez un grand secret qui vous comblera de joie ; dans un mois vous serez la plus riche dame de la province.—Je vous remercie, madame, du pronostic, mais vous me pardonnerez de n'y pas croire. — Libre à vous-même de parier contre ; en perdant, vous y gagneriez encore. Elle n'en dit pas davantage ; bien sure que la curiosité, si naturelle aux femmes, ferait le reste.

CHAPITRE IV.

Madame de Lignac, qui était accoutumée à lire dans le cœur de sa fille et à connaître ses moindres pensées, s'aperçut qu'Alix avait quelque chose de gêné avec elle, et crut d'abord qu'elle était souffrante. Sa fille l'assura qu'elle se portait bien, et se contraignit assez pour que sa tante ne s'aperçût de rien. Au souper, on parla de madame de Sériol; et madame de Blézaire qui la connaissait bien, et qui ne pouvait souffrir sa manie de se mêler de tout, et surtout de mariage, dit en plaisantant à Alix : « Je suis bien étonnée qu'elle ne t'ait pas encore trouvé trois ou quatre partis, les meilleurs du monde. — Oh ! mon Dieu, ma tante, elle sait bien que je n'ai rien. — Ah ! ce n'est pas une raison pour elle ; plus il y a d'obstacles, plus elle trouve glorieux de réussir. Cependant, cela ne lui arrive pas toujours : elle a fait le malheur d'une pauvre jeune personne à qui elle a tourné la tête par ses beaux projets : c'était la fille d'un notaire de la Haye, qui pouvait bien avoir quatre mille francs en mariage ; elle avait été demandée par un receveur de la gabelle, fort honnête homme, mais assez laid, tandis que Marianne était d'une beauté remarquable, et qui en effet avait été remarquée par un colonel, possesseur de fort belles terres dans ces environs. Madame de Sériol avait alors une de ses parentes qui occupait une petite maison près du château du comte, et elle recevait chez elle ce colonel, fort mauvais sujet, mais riche, et c'est tout ce qu'il faut pour de certaines femmes. Le colonel venait aussi chez Zéphirine ; celle-ci persuada à Marianne, qui était au moment de se marier, et qui n'aimait pas beaucoup son prétendu, de venir avec elle à la campagne, en disant à ses parens qu'elle allait chez sa tante ; lorsque Marianne y eut consenti, elle lui persuada que le comte de *** était éperdûment amoureux d'elle, et qu'il l'épouserait. La pauvre fille le crut ; madame de Sériol, trompée par le comte, car elle croyait réellement que le colonel avait des intentions pures, ne douta pas que

Marianne serait la comtesse de ***. Le colonel fut dans l'enchantement de posséder si près de chez lui une beauté si rare. Il la combla de carresses, d'égards, d'attentions et de cadeaux, s'amusant à lui persuader que c'étaient les présens d'accords.

Cependant son père et sa mère, qui croyaient leur fille chez une de ses tantes à la campagne, ne recevant point de ses nouvelles, écrivirent à leur sœur, qui leur répondit qu'en effet sa nièce était venue passer deux jours avec elle, mais qu'ensuite une dame de la Cour était venue la prendre, et qu'elle la croyait retournée à Vierzon. Que l'on juge de la fureur du père ! il allait porter sa plainte chez le juge, quand il vit arriver sa fille avec madame de Sériol, qui dit au père qu'avant de s'emporter, il fallait s'entendre ; que sa fille n'avait point de tort, qu'elle seule était coupable, mais que l'avenir prouverait à quel point elle s'intéressait à l'aimable Marianne, et alors elle raconta à ces braves gens que le comte de *** était amoureux fou de leur fille, et qu'il devait la leur demander en mariage. « Et je la lui refuserai : ma fille ne lui convient pas, et il ne convient pas à ma fille. » La pauvre enfant voulut appuyer ce que Zéphirine disait, par les témoignages de respect et d'amour du comte ; le père, furieux, l'aurait étranglée si on ne se fut mis entre elle et lui. Il ordonna à sa fille de monter dans sa chambre et d'y attendre ses ordres, puis il pria madame de Sériol de le laisser libre de marier sa fille à sa fantaisie ; celle-ci, fort offensée que l'on reçût aussi mal ses bons offices, se retira.

« Le comte vint en effet, dès le lendemain, chez les parens de Marianne, dans l'espérance de la voir. Pour appaiser la colère du père, il parla d'engagemens légitimes, mais secrets. Le père l'assura que sa fille n'aurait jamais rien de commun avec un homme dont les mœurs déshonoraient son rang, et qu'il ne fit faire ou ne fit aucune tentative pour la voir, parce qu'il le prévenait qu'il oublierait la distance qui se trouvait entre eux, puisque le comte était le premier à ne s'en pas souvenir. Le colonel se retira, ne voulant pas se compromettre avec des bourgeois. Cette aventure s'effaça entièrement de la mémoire du comte, mais la pauvre Marianne s'en souvint : elle s'était prise de l'amour le plus tendre pour ce chevalier déloyal. Elle refusa le notaire, mais comme son père voulait la forcer à l'épouser, elle s'en fut de chez ses parens, se rendit à Bourges, dans un couvent de carmélites, où elle fit ses vœux, et mourut peu d'années après, victime des intrigues de madame de Sériol. Toute jeune personne, bien née, doit fuir les moindres particularités avec elle, non qu'elle soit peut-être capable d'actions vicieuses, mais parce que c'est la femme la plus inconséquente que l'on puisse rencontrer. »

Cette histoire fit une grande impression dans l'esprit d'Alix : elle se repentit d'avoir consenti à se trouver dans le jardin avec Zéphirine, et surtout de ne pas l'avoir dit à sa mère et à sa tante. Elle ne dormit pas de la nuit, et dès qu'il fit jour chez sa mère, elle y entra, se jeta à ses genoux, fondant en larmes et lui dit qu'elle était bien coupable, mais qu'elle espérait, qu'en faveur de l'aveu qu'elle allait lui faire, elle lui pardonnerait. « Bien sûrement ! dit madame de Lignac. » Et cependant, alarmée par cette scène à laquelle elle ne s'attendait pas, elle releva sa fille et lui demanda de dire l'exacte vérité ; alors Alix lui raconta ce que madame de Sériol lui avait dit ; qu'en effet elle avait bien senti qu'elle ne devait pas lui promettre de se rendre au jardin sans l'aveu de sa mère, qu'aussi elle ne le lui avait pas promis ; mais qu'il était vrai que sans ce que sa tante avait raconté, à souper, elle était presque décidée à se rendre dans le jardin, pour y attendre madame de Sériol, et qu'elle lui en demandait bien pardon ; celle-ci la rassura ; lui dit que son aveu réparait entièrement sa faute ; qu'elle était bien persuadée que ce que madame de Sériol avait à lui raconter n'était qu'une chimère, que cependant, il fallait l'entendre : qu'elle se rendrait avec sa fille au jardin, et qu'elles paraîtraient l'une et l'autre à l'instant où madame de Sériol arriverait ; que du reste il ne fallait en parler à personne, pas même à madame de Blézaire qui avait l'antipathie la plus forte pour Zéphirine. « Si ce qu'elle a à dire est bon et convenable, ma présence ne l'empêchera pas de parler ; si, au contraire, elle garde le silence, c'est que sa conscience lui dira que son projet n'est pas estimable. »

Alix rassurée par la bonté de sa mère, ne savait comment lui exprimer sa reconnaissance. On ne dit rien à madame de Blézaire et, après le déjeûner, madame de Lignac se plaignit de mal de tête et dit à sa fille de venir avec elle dans le jardin. Madame de Blézaire ne quittait presque jamais sa chambre. La mère et la fille descendirent et se placèrent dans une tonelle, dont le feuillage était si épais que l'on n'apercevait pas ceux qui étaient assis derrière. Alix resta à l'entrée et sa mère se plaça au fond. Madame de Sériol arriva et se jetant au cou d'Alix, qui avait fait quelques pas au-devant d'elle, elle lui dit : « Ah! que vous êtes exacte, je craignais bien que par enfantillage vous ne vinssiez pas. » Et elle allait entrer dans la tonnelle dont Alix semblait vouloir l'éloigner. « Et pourquoi, ma petite, ne pas nous asseoir ici ! nous serions mieux que partout ailleurs; on ne saura pas seulement que je suis venue, il est bien essentiel que personne ne l'apprenne.... Ah! ciel, vous ici, ma chère?—Oui, madame, je sais tout; et bien persuadée que vous n'avez rien à dire à ma fille qui ne soit convenable, j'ai désiré être avec elle pour jouir plutôt du bonheur que vous lui promettez. — Et, en, effet, reprit madame de Sériol qui avait eu le tems de se remettre, ce bonheur serait grand, et ce qui le rend plus précieux, c'est qu'il est au pouvoir d'Alix d'en jouir sans aucun mélange. — Et enfin, madame, peut-on savoir? — Je devrais dire non, car votre présence ici, madame, dérange entièrement le plan de la personne, dont je ne suis que le fondé de pouvoirs, comme vous en conviendrez vous-même : mais asseyons-nous et écoutez-moi. »

Elle raconta tout ce que M. de Bonneville lui avait dit : et enfin s'adressant à madame de Lignac : « Vous voyez, madame, jusqu'où va sa délicatesse ; il ne veut devoir mademoiselle votre fille qu'à elle-même. — Ah ! dit Alix avec une naïveté charmante, il a bien tort, car, ne m'appartenant pas, comment pourrais-je me donner ? je suis à ma mère : qu'elle dispose de moi, comme elle le voudra, je suis sûre que ce serait un bien plus grand avantage que si c'était moi. — Vous avez raison, dit madame de Sériol, mais tout cela n'est pas une réponse. — Voilà, madame, la seule qui soit convenable. Vous voudrez bien dire à M. de Bonneville que ma fille, n'ayant rien de caché pour moi, m'a amenée au rendez-vous que vous lui avez donné, et qu'elle s'en rapporte entièrement à moi ; qu'en conséquence, il voudra bien se donner la peine de venir : que je le recevrai avec infiniment de plaisir, et que si ses vues sont pures, comme je n'en doute pas, madame, puisque vous vous êtes chargée de nous en faire part, il trouvera en moi tout l'empressement qu'il peut désirer, pour accueillir l'honneur qu'il veut bien faire à ma fille. »

CHAPITRE V.

Cette affaire prenait une tournure qui ne convenait pas à madame de Sériol; on la mettait de côté dès le premier moment; madame de Lignac voulait traiter directement avec M. de Bonneville; la jeune personne paraissait craindre qu'elle ne la trompât: elle a été tout conter à sa mère. « Voilà une petite tête qui ne se laissera pas gouverner : j'ai eu bien tort de penser me noyer pour cette bégueule, sur l'esprit de laquelle je n'aurai jamais aucun empire; j'aurais bien mieux fait de me souvenir de Philiberte de Merci, que son père tient au couvent, sans seulement imaginer qu'il doit la marier: c'est celle-là qui eût été reconnaissante! J'ai fait une sottise; et si je m'en croyais, je dirais au baron qu'il a été refusé net; mais il est amoureux, et il pourrait bien apprendre que je l'ai trompé: non, il ne faut pas abandonner cette affaire; mais seulement y mettre assez d'adresse, pour trouver le moyen de la faire manquer, si la petite personne ne se conduit pas mieux avec moi, et mettre en avant Philiberte, qui est plus belle qu'Alix, et qui aura une grande fortune.»

Ayant ainsi balancé en elle-même ce qu'elle avait de mieux à faire, elle revint chez elle, où elle trouva le baron, qui déjà l'attendait. « Eh bien! dit-il, dois-je espérer? — Si vous le voulez, comme je vous l'avais dit, vous serez l'heureux époux de la chère Alix; mais, à votre place, je ne me presserais pas tant, vous pourriez trouver beaucoup mieux. — Eh quoi ! avez-vous changé d'opinion ? — Je ne dis pas cela ; mais... — Qu'y a-t-il ? — Si vous voulez que je vous parle franchement, je lui croyais plus d'esprit qu'elle n'en a; imaginez qu'ayant réfléchi sur ce que vous désiriez, et n'y voyant pas un grand inconvénient, je lui demande de m'attendre dans le jardin de sa tante ; que j'ai un secret à lui apprendre. Eh bien ! elle me le promet ; mais devinez ensuite ce qu'elle a fait. — Elle ne s'y trouve pas ? — Elle n'avait garde ; elle voulait savoir ce que j'avais à lui dire. — Elle a refusé ? — Non. — Enfin ? — elle est venue avec sa mère, à qui elle a tout conté. — Ah! quel plaisir vous me faites! J'avais réfléchi que ce que je vous avais prié de faire n'était pas bien; j'aurais été fâché qu'elle eût gardé ce secret. Qui trompe sa mère, trompera son mari; mais, qu'a dit la mère? — Qu'elle voulait vous voir. — Je vais dans l'instant me rendre à ses ordres. — Ne croyez-vous pas, reprit madame de Sériol, que vous devriez vous y faire présenter par moi?— Je craindrais de vous déranger, et je pense que, puisqu'elle veut me parler, elle sera plus libre étant seule avec moi. Un tiers, quelque intéressant qu'il soit, gêne toujours, et, quant à moi, je suis de l'avis de celui qui dit, que l'esprit gagne au tête-à-tête. — A merveille, monsieur, je ne m'oppose pas à celui qui vous est accordé ; je n'ai pas la moindre prétention... — Et qui vous en accuse, madame ?.... Pardon, si je vous quitte ; mais j'ai une si vive impatience de savoir mon sort; S'il est heureux, madame, ce sera à vous que je le devrai, et ma reconnaissance sera éternelle. »

Ces paroles adoucirent l'aigreur de madame de Sériol; elle laissa le baron faire seul sa visite, en se promettant bien que ce mariage ne finirait pas, si on ne se conduisait avec elle d'une manière plus confiante.

Madame de Lignac ne croyait pas infiniment à ce que madame de Sériol lui avait dit, et fut agréablement surprise, quand on lui annonça M. de Bonneville, qui, en entrant, trouva madame de Lignac seule, et lui dit : « Madame de Sériol m'a assuré, madame, que vous me permettiez de vous faire part de mes sentimens pour mademoiselle votre fille, qui sont aussi sincères qu'honorables. Si madame de Sériol s'est trompée, et que vous ne lui ayez pas donné cette permission, je me retire, en vous faisant mes très-humbles excuses. — Non, monsieur, madame de Sériol ne vous a pas trompé. Instruite par elle que vous avez distingué ma fille, et que vous projetez de me la demander en mariage, j'ai désiré avoir l'avantage de vous voir, pour vous dire que vos offres sont très-honorables pour Alix ; mais, savez-vous, monsieur, qu'elle est sans aucune fortune, et même sans espoir d'en avoir? — Oui, madame; mais je sais qu'elle est aussi belle que vertueuse, et que celui qu'elle daignera choisir, sera le plus fortuné des hommes. — Je ne puis, monsieur, que vous remercier de la bonne opinion que vous avez de ma fille ; j'espère qu'elle la justifiera. Le baron demanda à madame de Lignac la permission de voir Alix. — Elle est auprès de sa tante ; mais comme il est convenable, sous tous les rapports, que je vous présente à madame de Blézaire, je vais la prévenir de votre visite et du sujet qui vous a amené, et je ne doute point que ma sœur ne partage mes sentimens. » M. de Bonneville dit qu'il ferait tout ce que madame de Lignac désirerait. Elle alla prévenir sa sœur, qui fut aussi surprise qu'enchantée de la démarche de M. de Bonneville, que madame de Lignac lui présenta, un nstant après. Alix rougit, et fut très-déconcertée : elle n'avait pas cru à tout ce que Zéphirine lui avait dit ; la présence d'Adolphe la troubla, au point que lorsqu'il lui adressa la parole, il lui fut impossible de répondre. Cependant, son silence n'était point celui de la stupidité, mais le modeste embarras d'une jeune vierge qui, pour la première fois, entend le nom d'amour, et qui, peut-être, en ressent la première étincelle dans son cœur. Aussi, M. de Bonneville n'en tira aucun mauvais augure, et lui demanda seulement la permission d'espérer qu'un jour elle confirmerait, par quelques paroles bienveillantes, ce que ses yeux semblaient lui répondre. « Ma fille est très-timide, reprit madame de Lignac, j'ai vécu dans une si parfaite solitude! — La timidité, interrompit Adolphe, est aux femmes ce que la rosée est aux fleurs: c'est un voile qui conserve leur fraîcheur ; mais j'espère, si j'ai le bonheur de plaire à mademoiselle de Lignac, lui inspirer assez de confiance, pour qu'elle n'ait, en me voyant, que la certitude d'être adorée. — Ah ! reprit Alix, adorée n'est pas ce que je désire ; plaire, être aimée, suffit à mon bonheur. — Vous êtes bien sûre de l'un et de l'autre. — Mais sera-ce toujours ? — Toujours. — Je n'ai pas de fortune ! — Le ciel m'en a donné assez pour nous deux. J'en conviens, mais... » Elle s'arrêta ; puis, elle dit : « J'ai confié à ma mère la seule raison qui pourrait m'empêcher d'accepter l'honneur que vous me faites. — Et, en effet, elle était convenue avec sa mère, que M. de Bonneville ne lui déplaisait pas, mais qu'elle se sentait tourmentée de l'idée d'être son obligée ; il faudra toujours que je tienne tout de lui ; non, disait-elle, c'est impossible ! »

Madame de Lignac ne partageait pas l'opinion de sa fille ; et, sans s'y arrêter, elle lui dit : « Ma fille, voilà celui que je vous donne pour époux. » Il n'y eut plus moyen de s'en dédire. Alix se leva, se laissa embrasser de fort bonne grâce, et ne songea plus si le baron était riche ou non ; il était jeune, beau, il l'aimait ; elle ne chercha plus à dissimuler qu'il lui plaisait. Ces dames retinrent le baron à dîner, envoyèrent, par politesse, prier madame de Sériol d'être de la partie. Elle fit répondre qu'elle ne pouvait avoir cet honneur, partant à l'instant pour l'abbaye de Sainte-Claire, où elle passerait quelques jours avec la charmante Philiberte de Merci, qui l'avait fait prier de venir la voir, parce qu'elle était malade; en effet, madame de Sériol, ne voulant pas paraître s'être mêlée du mariage dont, au premier moment, on lui avait ôté l'honneur, quitta Vierzon, dont le désordre de ses finances lui rendait le séjour désagréable. Aussi, accepta-t-elle avec un grand plaisir, de rester tout l'été dans le couvent, auprès de mademoiselle de Merci, dont on n'aura que trop l'occasion d'entretenir le lecteur.

Comme madame de Sériol ne s'était pas mêlée du mariage d'Alix avec M. de Bonneville, il se fit avec la plus grande simplicité. M. de Bonneville donna à sa future les diamans et les bijoux de sa mère, et cinq cents louis pour les robes. Alix demanda la permission de n'en dépenser pour elle que la moitié, et d'employer l'autre moitié à habiller vingt jeunes filles orphelines, les plus pauvres de la ville; et, par cette belle œuvre, ces pauvres jeunes filles se trouvaient préservées de la rigueur de l'hiver, et des souffrances que le manque de linge fait éprouver dans d'autres saisons. Elles lui durent la santé et la possibilité de se présenter décemment pour remplir des places, suivant leurs talens. Toutes assistèrent au mariage de leur bienfaitrice, et adressèrent pour elle à Dieu les vœux les plus sincères, qui ne furent exaucés que dans le ciel, patrie seule digne de l'ame angélique d'Alix.

Aussitôt le mariage, M. de Bonneville emmena sa femme dans son château, et supplia madame de Lignac de venir y demeurer; mais elle ne pouvait pas quitter sa sœur. Ces dames promirent d'y passer six mois tous les ans; elles gardèrent leurs maisons à Vierzon, et vinrent seulement, avec le projet de passer le reste de la belle saison près des nouveaux époux qui, parfaitement contens l'un de l'autre, avaient le bon esprit de jouir de leur bonheur et de leur fortune, sans s'astreindre à l'étiquette de la société.

Ils firent d'abord des visites à tou ce qui composait la société, donnèrent un grand repas et un bal. Il fallut bien qu'ils acceptassent les grands dîners que l'on se crut obligé de leur rendre; mais ensuite, ils mirent si peu d'empressement à se lier avec leurs voisins, que bientôt on se passa d'eux, comme ils se passèrent des autres, excepté quelques pauvres ecclésiastiques et de vieux militaires, à qui un bon dîner faisait plaisir de tems en tems. Personne ne vint à Bonneville; et c'était-là ce que le baron et sa femme voulaient. Leur amour était si vrai et tellement réciproque, qu'ils n'avaient besoin de personne, si ce n'était de leur mère et de leur tante, qui se trouvèrent si bien chez eux, qu'elles cédèrent aux caresses d'Alix et aux manières franches et affectueuses de son mari, et se déterminèrent à rester l'hiver avec l'heureux couple, au château de Bonneville, où un feu continuel, de doubles châssis, d'amples rideaux, préservaient des frimas. Elles y trouvèrent une excecellente bibliothèque, des métiers à tapisserie, une conversation agréable, et que la plus intime confiance rendait charmante ; joignez à une vie aussi douce., le plaisir de faire des heureux, que les quatre amis se partageaient, et on aura quelqu'idée des jours fortunés de ces êtres, à qui le ciel avait prodigué tous les dons, enfans de la paix, de la modération ; et chaque jour resserrait entre eux les liens formés par les sentimens de la nature, et ceux d'un amour vertueux.

CHAPITRE VI.

Il ne manquait à la félicité de M. de Bonneville, que le plaisir de se voir renaître dans un enfant. Alix perdit ses brillantes couleurs ; le feu de ses yeux avait fait place à une douce langueur. Naturellement silencieuse, elle paraissait encore moins empressée à se mêler à la conversation. Elle semblait réfléchir sur le changement qu'elle éprouvait dans sa constitution. Sa mère fut la première qui s'en aperçut, elle en fit part à son gendre, et tous deux se livrèrent à la plus chère espérance, mais n'en parlèrent pas encore à Alix. Dans une très-jeune femme, l'aveu d'une grossesse a quelque chose de pénible. La pudeur survit à la défaite; et, tant qu'il n'existe pas de preuves, la jeune épouse enveloppe des voiles du mystère, le triomphe légitime de celui qu'elle aime; mais enfin, il faut bien en convenir, et c'est dans le sein de sa mère qu'échappe cet aveu, dont la vertu n'a cependant pas à rougir, et qui comble de joie madame de Lignac et M. de Bonneville; mais elle demande encore le secret à l'égard de tous les autres, et c'est avec la plus grande circonspection que ses parens et amis osent lui faire compliment; mais peu à peu elle surmonte son embarras, et sent éclore dans son cœur un nouvel amour, le plus puissant de tous, l'amour maternel.

Elle sent tressaillir son enfant, et cette preuve de son existence, crée pour elle une jouissance qu'elle ne connaissait pas encore. Sa santé se rétablit, et la nature si soigneuse de la conservation de l'espèce, veille à celle d'Alix, et de son enfant, qui enfin, parvenu au terme, brise les liens qui le retiennent, et Alix, après des douleurs vives, mais de peu de durée, donne le jour à la plus jolie petite fille. On lui cache le sexe de son enfant ; mais c'est bien à tort. Elle ne conçoit dans ce moment aucune autre jouissance que le bonheur d'être mère, que ce soit une fille ou un garçon, n'importe, c'est le fruit précieux de l'amour le plus tendre. Elle est bien sûre que M. de Bonneville éprouvera le même sentiment : d'ailleurs, ils sont si jeunes, l'un et l'autre, qu'ils ont tout le tems d'espérer que si Alix n'a pas donné le jour à un fils, elle aura cet avantage plus tard. Enfin, elle sait que c'est une fille qu'elle a mise au monde, elle se la fait apporter, elle la couvre de baisers, et lui présente son sein, malgré l'opposition des préjugés, qui privent tant de femmes du bonheur de nourir leurs enfans (1).

Madame de Lignac ne quitte pas sa fille de la nuit, et en passe plusieurs auprès d'Alix, ne pouvant se

---

(1) Je ne cesserai de dire que c'est au moment de la naissance, qu'il faut présenter à l'enfant le seul aliment qui lui convienne. Si on attend vingt-quatre heures, comme le veulent les sages-femmes, l'enfant n'a pas la force de tirer le lait, qui, par son abondance, gonfle les seins, et ne laisse plus de prises aux lèvres du nouveau-né.

résoudre à la confier entièrement à des soins mercénaires. Aussi, tout réussit à merveille, et Elyse, c'était le nom que sa grand'mère lui avait donné sur les fontds de baptême, se portait à ravir, et la santé de sa mère était excellente. M. de Bonneville qui avait reçu à cette occasion, des témoignages les plus flatteurs d'intérêt de tout son voisinage, et des personnes de la société de Vierzon, ne crut pas pouvoir se dispenser de donner un grand repas, pour célébrer la convalescence de sa femme, et le jour de ses relevailles fut indiqué pour le magnifique festin, auquel M. de Bonneville invita, non seulement la noblesse de son canton, mais même tout ce qui se distinguait par ses places, ou par une éducation soignée. Dans une si nombreuse réunion, il ne pouvait manquer d'inviter madame de Sériol, que nous paraissons avoir oubliée long-tems, et qui malheureusement n'oubliait pas ceux dont elle enviait le bonheur; mais comme nous l'avons dit, elle avait quitté Vierzon, aussitôt que le mariage avait été décidé, pour aller à Bourges, voir mademoiselle de Merci.

Comme celle-ci joue un rôle principal dans ces mémoires, je crois nécessaire d'ébaucher son portrait, pour la faire connaître au lecteur, et de lui apprendre qu'elle avait été la première éducation de cette jeune personne, et combien elle influa sur toute sa vie.

Philiberte était fille du comte de Merci, devenu l'aîné de sa maison, à la mort de son frère Roger. Tant que celui-ci vécut, Albert, c'était le nom du père de Philiberte, vivait avec son peu de fortune ; le mariage qu'il avait fait ne l'avait pas enrichi. Mademoiselle Blanche de Vercourt, d'une ancienne famille du Poitou, ne lui apporta que de la beauté, de grandes alliances, beaucoup d'orgueil, un amour passionné, auquel Albert répondit, autant qu'il était dans son carectère, mais pas assez pour que sa compagne crut être aimée. Elle le tourmentait par ses transports, sa jalousie, sa mauvaise humeur, et finit par l'éloigner absolument d'elle, après qu'elle lui eût donné une fille. Elle nourrit cette enfant, et lui fit sucer avec le lait, ses défauts et ses qualités ; car Blanche n'était pas sans vertus, et se trouvait quelque rapport avec Blanche de

Castille ; comme cette princesse, elle avait du courage, beaucoup de sang-froid, des manières magnifiques, et une grande confiance dans la suite de ses projets.

Cette femme hautaine ne put supporter d'être négligée par l'homme qu'elle adorait, et peu de mois après qu'elle eût sevré Philiberte, elle mourut. Son époux la regreta faiblement, mais il aurait été très-embarassé de sa fille, si son frère qui, à cette époque, vivait encore, et habitait avec sa femme, le beau château de Champfleury, qui lui appartenait, ne lui eût demandé la petite Philiberte. Albert se hâta de la lui envoyer avec sa sevreuse, partit pour l'armée, et ne pensa pas plus à sa fille qu'à la perte de sa femme.

Roger avait perdu un fils unique,

à peu près de l'âge de Philiberte ; sa femme ne pouvait se consoler de sa perte. Philiberte ressemblait à son cousin, ce qui donna l'idée à Roger de faire mettre à sa nièce les habillemens de son fils, pour tromper la douleur de sa compagne, ce qui réussit, et cette mère infortunée croyant revoir l'objet de ses pleurs, s'attacha tendrement à Philiberte, à qui elle donna le nom de son fils ; en grandissant, mademoiselle de Merci porta le nom de Philiberte. Son oncle ne voulut point qu'elle reçut d'autre éducation que celle que l'on donnait dans ce tems aux jeunes gentilshommes : elle apprit tous les exercices qui leur convenaient.

A quatorze ans, mademoiselle de Merci montait parfaitement à cheval, tirait une perdrix au vol, forçait un chevreuil, faisait des armes, dansait avec grâces, et dépassait à la course ceux qui lui disputaient le prix. Du reste, elle ne savait ni lire, ni écrire; avec beaucoup d'esprit, son ignorance était extrême, mais ses réparties presque toujours mordantes. Elles enchantaient son oncle et sa tante. Celle-ci ayant commis l'imprudence de se baigner après avoir dîné, mourut deux jours après, à la grande douleur de Philiberte, qui l'aimait tendrement. M. de Merci n'aurait pu supporter cette perte, sans l'attachement extrême qu'il avait pour sa nièce, qu'il résolut de faire son héritière. Mais par le malheur qui semblait attaché à mademoiselle de Merci, ce parent à qui elle était si chère, étant à la chasse, et voulant sauter un fossé, son fusil partit au repos, et la balle lui perça la poitrine. Philiberte qui n'était qu'à vingt pas de lui, accourut avec le reste de la chasse, elle reçut les derniers témoignages de sa tendresse, et il expira dans ses bras, en lui disant : au moins, je te laisse le plus riche parti de la province. Elle ne comprit pas ce qu'il lui disait, et ne connut que la douleur de perdre un aussi bon parent.

Albert ayant appris à l'armée, la mort de son frère, ne perdit pas un instant pour se rendre à Champfleury. Il y avait douze ans qu'il n'avait vu sa fille : il lui dit quelques mots de consolation, qui ne la consolèrent pas. Albert prit connaissance du testament, et n'en fit pas part à sa fille, qu'il conduisit à l'abbaye de Sainte Claire. Elle y était depuis deux à trois ans, lorsque des circonstances que j'ignore y attirèrent madame de Sériol. Philiberte la prit en amitié, et lui fit promettre de la venir voir souvent ; ce que madame de Sériol eut grand soin de faire. Voulant s'absenter de Vierzon, elle vint à l'abbaye, où Philiberte ne pouvait s'accoutumer, d'après la manière dont elle avait été élevée ; elle s'ennuyait fort au couvent, où son père la laissait, tant qu'il guerroyait. Elle se trouva très-heureuse d'avoir la société d'une femme qui avait passé sa jeunesse à la cour la plus galante de l'Europe. Les religieuses écoutèrent aussi avec admiration, ce que Zéphirine leur racontait de la reine, des princes ses fils, même du Béarnais : car on l'appela long-tems ainsi, et les ligueurs domptés par lui, se plaisaient encore à rappeller le tems où ce prince, destiné à être un des plus grands rois de sa race, était prisonnier à la cour de son beau frère, et forcé de consumer dans des intrigues d'amour, les années de sa jeunesse, qui eussent été mieux employées à dompter ces hommes, qui, sous le prétexte de la religion, portaient partout le feu de la discorde.

Au moment où nous parlons, ce prince régnait avec gloire, et comme tout intéressait en lui, même ses faiblesses, les dames de Sainte Claire demandaient toujours à madame de Sériol, de leur raconter de quelle manière Henri passait son tems à la cour de Médicis, et elle s'y prêtait volontiers ; la peinture qu'elle faisait à Philiberte et à ses amies, des délices du monde, faisait quelquefois soupirer celles qui, par des vœux solennels, y avaient renoncé, et donnait à mademoiselle de Merci le plus vif désir de quitter son couvent, et de venir dans le beau château de Champfleury, que l'on croyait appartenir à M. de Merci, celui-ci n'ayant donné à sa fille aucune connaissance du testament de son frère. Cette belle terre était fort voisine de Bonneville, ce qui fut un grand malheur pour Adolphe; M. le comte de Merci était absent, et sa fille lui écrivit, pour qu'il lui permît de garder auprès d'elle madame de Sériol; et en attendant que ce projet pût se réaliser, elle engagea Zéphirine à rester avec elle à l'abbaye; et pour qu'elle y fut avec agrément, elle la pria de lui permettre de payer sa pension. Comme Zéphirine paraissait s'y opposer, elle lui demanda de vouloir bien se charger de terminer son éducation, que les religieuses, très-saintes filles, mais peu instruites, n'avaient pas pu porter bien loin. A cette condition, madame de Sériol accepta, et Philiberte chargea un homme de confiance de son père, qui allait au camp porter de l'argent au comte, de lui faire part de cet arrangement, qu'il ratifia, et il envoya à sa fille les fonds nécessaires pour payer la pension de son amie, et en outre tout ce dont elle pouvait avoir besoin : des livres, un luth, de la musique, des crayons et des couleurs. Philiberte fit quelques progrès; mais les talens demandent à être cultivés dans la jeunesse. Elle ne fut jamais une bonne musicienne; elle fit encore moins de progrès dans le dessin; mais l'un et l'autre talens l'amusaient, rompaient la triste uniformité du cloître. Quant à l'instruction, madame de Sériol n'en avait pas assez elle-même pour en donner à son élève : mais elle lui apprit l'Italien qu'elle savait très-bien, et s'en servit pour lui faire lire le Tasse, Pétrarque, dont les beautés poétiques charmaient d'autant plus Philiberte, qu'elle y trouvait la peinture des passions, dont les principes existaient dans son cœur. L'imprudente gouvernante porta la témérité jusqu'à lui faire lire Boccacce. Alors, le couvent devint insuportable à mademoiselle de Merci, et les deux amies décidèrent qu'il fallait absolument que le comte consentît à ce que sa fille vînt avec son institutrice habiter le château de Champfleury ; mais pour y déterminer M. de Merci, il fallait le voir, lui parler. Si on lui avait écrit il aurait laissé la lettre sans l'ouvrir, et peut-être, n'avait-il pas une grande facilité à lire l'écriture, qui, à cette époque, n'était pas très-aisée à déchifrer; il fut donc décidé que, dès l'instant que M. le comte de Merci serait à Champfleury, madame de Sériol irait le voir, et lui rendre compte de la situation de sa fille, qui, suivant ce qu'elles étaient convenues avec Philiberte de dire à son père, avait le plus grand besoin de changer d'air, et de venir à la campagne. Le comte, qui n'avait pas en général, bonne opinion des femmes, (et son séjour à la cour de Médicis, n'avait pas peu contribué à fortifier son peu d'estime pour le sexe), eut beaucoup de peine à consentir à ce que sa fille demandait; cependant, il fut séduit par madame de Sériol, qu'il trouva pleine d'esprit, et ayant l'extérieur le plus décent; il lui donna enfin la permission demandée : madame de Sériol ne perdit pas un instant pour retourner à Bourges, d'où elle ramena Philiberte dans les bras de son père, qui ne fut pas très-caressant, et fit à sa fille et à son institutrice un sermon qui dura deux heures, sur les dangers de la société pour une femme, tant qu'elle n'était pas mariée. «Quand vous le serez, ajouta-t-il, ce ne sera pas à moi que l'on s'en prendra, et voilà pourquoi, je voulais que vous restassiez au couvent, jusqu'à ce que je vous eusse remis à un époux, chargé de répondre de votre conduite. Mais enfin, il m'a paru que madame de Sériol était une femme vertueuse et d'un sens droit; ainsi, j'ai pensé que je courrais moins de risque en la priant de rester avec vous, que de vous garder moi-même ; car il n'y a que les femmes qui puissent déjouer toutes les ruses, les finesses de leur sexe.—En vérité, monsieur, reprit madame de Sériol, je ne vois pas ce qui peut vous donner une telle idée des femmes : à vous entendre, on croirait que nous sommes en guerre perpétuelle avec votre sexe ; — On croirait, on pourrait affirmer...; mais il n'est pas question de tout cela : vous voilà ici, puisque vous avez voulu y venir, je vais vous remettre toute autorité sur mes gens ; car je crois qu'ils ont grand besoin d'être surveillés. Cependant, il ne faut pas marquer de méfiance à Charles Husson, dont la famille est depuis des siècles attachée à notre maison, comme régisseur de cette terre ; celui-ci jouit d'une grande considération parmi mes vassaux ; je vais le faire appeller ; ayant sonné, il fit dire à Charles Husson de venir. C'était un vieillard vénérable : sa belle physionomie, que des cheveux blancs comme la neige ombrageaient, inspirait le respect. — Que me voulez-vous, monseigneur? dit il, en saluant respectueusement. — Vous présenter à ma fille, qui, comme vous le savez, est dame de ce château, dont je n'ai que l'usufruit pendant ma vie, tandis que la propriété lui appartient. Cette révélation, que Philiberte recevait pour la première fois, lui fit éprouver une joie extrême; c'était à elle que le château de Champfleury appartenait..... son père ne pouvait pas en disposer....Elle devait en hériter à sa mort.

Il est vrai qu'il y avait une clause secrète à ce traité, dont le comte ne fit pas mention. Charles Husson répondit : « je sais tout ce que monseigneur vient de dire, mais, n'en déplaise à madame Philiberte, tant que vous vivrez, monseigneur, c'est toujours vous qui serez le seul seigneur, et de ce qu'il y a substitution, ce n'est pas une raison pour que le bien n'appartienne pas au titulaire; seulement, il ne peut pas le vendre; et puis, vous savez.... — Oh! cela n'arrivera jamais. — Monseigneur, il ne faut jurer de rien.

CHAPITRE VII.

PHILIBERTE, fort mécontente des observations de Charles Husson, le prit de ce moment en grippe, et se promit de chercher le moyen de s'en débarrasser ; mais avant, elle voulait être instruite de ce que voulait dire la phrase : *Et puis vous savez.* Il ne fallait donc rien témoigner de ce qu'elle ressentait, et ne paraître éprouver qu'une grande reconnaissance des bontés de son père. M. de Merci, en s'adressant à Charles Husson, ajouta : « Je vais retourner à l'armée ; ma fille et madame de Sériol, son amie, resteront ici, et ma fille y tiendra ma maison, aidée des conseils de madame de Sériol et de votre expérience; je lui remets tous mes pouvoirs, car ayant l'intention de la marier dans deux ans, et selon toute apparence de garder elle et son mari avec moi, il faut qu'elle connaisse les revenus et les ressources de cette terre. » Charles Husson, qui depuis quinze ans était seul maître de cette belle propriété, ne voyait pas sans quelque peine venir, non-seulement la fille de son seigneur, mais encore une dame de compagnie, dont on connaît la fausse position dans les maisons où ces dames se trouvent placées, entre les maîtres et les valets, et qui ne fondent leur crédit que sur l'esprit des premiers aux dépens des seconds, contre lesquels elles font de sourdes délations. Ainsi, le bon vieillard voyait des tracasseries, des querelles remplacer la paix qui régnait depuis long-tems dans cette antique demeure : il ne se trompa pas.

Philiberte, naturellement impérieuse et méfiante, devait donner à Zéphirine un champ vaste à l'humeur tracassière de celle-ci. Cependant, rien n'éclata pendant le peu de tems que M. de Merci demeura à Champfleury. Charles Husson ne s'empressa pas de changer ses habitudes, et continua à prendre les ordres du comte, qui les lui donnait aussi par habitude. Cette négligence envers l'illustre châtelaine fut charitablement relevée par madame de Sériol, et vivement sentie par Philiberte, qui se promit bien que dès que le vrai seigneur serait parti, tout se rangerait sous ses lois, même Charles Husson, ce qui était assez difficile.

Ce moment tant désiré arriva ; les adieux du père et de la fille ne furent pas très-tendres. Le comte ne rêvait que siéges, que batailles, renversement des libertés calvinistes ; si on l'eût laissé faire, il ne serait pas resté un seul protestant en France. Ce n'est pas que le comte eût un cœur féroce ; au contraire, il était bon, charitable, mais sans instruction ; il avait été imbu, dès sa jeunesse, de principes fanatiques, et croyait servir Dieu en portant le fer et la flamme chez ceux qui ne pensaient pas comme lui ; et comme il n'avait pas trouvé à sa fille, et surtout à madame de Sériol, un zèle assez pur, il aimait moins la première. Ainsi, il paraissait peu expansif avec sa fille, en qui la légèreté, la coquetterie, le désir de briller, et surtout de commander, laissaient peu de place à la tendresse filiale. Aussi, de part et d'autre, se séparèrent-ils sans verser de larmes; et le comte n'était pas au bout de ses avenues, que sa fille, enfermée dans une petite tourelle avec sa chère confidente, dressait le plan qu'elles voulaient suivre.

Charles Husson n'avait pas été mieux apprécié par madame de Sériol que par la châtelaine. Cet homme ne s'était pas occupé d'elle, ne lui avait pas dit un mot depuis son arrivée à Champfleury, et avait paru la regarder comme étant aux gages du comte. En ce cas, il se trompait; madame de Sériol était trop adroite pour se mettre à prix; elle ne voulait être qu'une amie désintéressée, bien sûre qu'elle trouverait, outre l'agrément d'une vie exempte de tous soins, et telle que les gens riches peuvent l'offrir à leurs hôtes, mille moyens d'augmenter son faible revenu par des présens qu'elle était bien sûre que Philiberte lui ferait, car elle connaissait son humeur libérale (1). Il fut convenu, entre les deux amies, que mademoiselle de Merci se ferait donner un état des revenus de la terre, et surtout de ce qui se trouverait arriéré ; qu'ensuite on verrait le nombre de domestiques suffisant

---

(1) Dans la véritable acception du mot qui n'est point synonime de généreux. Ainsi, on a appauvri la langue en nous ôtant la possibilité de nous servir du mot *libéral* pour exprimer un homme qui donne sans difficulté, par goût de dépenser son argent à une chose ou à une autre.

pour donner au château un air vivant, car rien ne ressemble autant à l'habitation dont le maître est mort, que de grands et beaux logemens dans lesquels on ne rencontre pas un assez grand nombre de valets pour meubler les pièces qui précèdent celle où on se tient. Elles jugèrent qu'il en fallait au moins dix à douze de plus, sans compter les aides de cuisine. Tout cela réglé, elle fit venir Charles Husson, et lui donna ses ordres. «— A quoi bon, madame, cette augmentation de gens inutiles ? Du tems de feue madame la comtesse, il n'y en a jamais eu plus qu'il n'y en a dans ce moment, car monseigneur les a tous gardés. — Cela est possible ; mais moi, il me convient d'en avoir davantage. Je veux que mon château ait bon air, et il n'y a qu'un nombre considérable d'hommes de livrée, qui annonce la maison d'un grand seigneur. — Mais au moins, madame me permettra de lui dire, que vouloir mettre quatre aides de cuisine de plus ne signifie rien ; que le chef, deux aides suffisent pour deux personnes. — Pour deux personnes ! « sachez, Charles Husson, que je veux, et prétends avoir toujours ici douze couverts. — Mais, madame. —Point de mais, je vous prie ; je suis la maîtresse, mon père me l'a dit ; et je veux jouir de tous mes droits : vous m'apporterez demain l'état des revenus. — Il me serait impossible, madame. —Eh bien ! quand le pourrez-vous ?—Dans quinze jours ou trois semaines ; — C'est trop long ; je vous donne cinq jours. — M. le comte, madame, ne m'a jamais pressé pour l'ouvrage qu'il me demandait. — M. le comte faisait comme il voulait, et moi comme il me plaît ; pensez à me l'apporter samedi soir ; c'est aujourd'hui lundi, c'est tout ce que je puis vous accorder de délai, ou bien...»

Charles Husson baissa la tête, essuya une larme, et se retira.

« J'aurai de la peine, dit Philiberte, à faire obéir ce vieillard ; mais j'en viendrai à bout. — Vous avez bien raison, madame ; il suffit de bien commencer, et surtout de ne pas faiblir. — Vous verrez que samedi, j'aurai l'état que je demande ; et ainsi du reste. — Je n'en doute point ; mais vous avez oublié, madame, une chose essentielle, c'est de vous faire remettre ce qui se trouve d'argent comptant ; car il est important que vous puissiez donner ou acheter, sans que vous ayez besoin d'avoir recours à Charles Husson.— Je parie qu'il me dit qu'il n'en a pas ! —Il passe pour un honnête homme, il ne mentira pas. — Eh bien ! après dîner, je lui ferai dire qu'il ne manque pas de venir me parler.

En attendant, ces dames firent leur toilette; et lorsqu'elles entrèrent dans la galerie, elles y trouvèrent le curé, deux à trois gentilshommes du voisinage, et le lieutenant du bailliage de Vierzon, avec sa femme, son fils et sa fille. On servit un dîner délicieux, dont madame de Sériol fit les honneurs, car mademoiselle de Merci n'étant jamais sortie de son couvent, n'avait nulle idée de se trouver avec dix ou douze personnes, à qui, dans ce tems, il fallait offrir des mets qui étaient sur la table, et surtout dans l'ordre de l'état que chaque convive occupait dans le monde ; tout cela demandait une étude qui était au-dessus de ses moyens.

On parla à table, comme il arrive toujours, du voisinage. Le lieutenant du bailliage fit valoir, avec beaucoup de chaleur, la famille de M. de Bonneville, dit qu'il ne connaissait pas de femme plus aimable que la baronne ; il vanta son union avec son mari, le bel ordre qui régnait dans leur maison, et ajouta : « Il y aura ces jours-ci une fort belle fête au château de Bonneville, pour les relevailles de la baronne ; son mari qui l'adore, veut inviter tous les environs. — Excepté moi, reprit aigrement mademoiselle de Merci. — Et qui vous donne cette idée ? — Parce que je n'ai encore reçu aucune invitation de la part du baron. — Il ne vous sait pas ici. — Il l'apprendra s'il le veut, cela m'est bien égal ; je n'ai nulle envie de me lier avec eux. — Il est vrai, reprit madame de Sériol, que ces héros de vertus sont ordinairement fort ennuyeux. » Le curé voulut relever cette opinion, et soutint que le château de Bonneville, où il était reçu fort souvent, démontrait la fausseté de cette assertion. Mademoiselle de Merci lui dit, en lui envoyant un verre de vieux vin du Cher : « Grâce du prône à la table, mon cher pasteur ; nous irons vous entendre dimanche. » Le curé ne répliqua pas ; son église tombait en ruines ; il espérait qu'avec un peu de complaisance, il obtiendrait de l'argent, au moins pour les réparations urgentes. Tous les convives, qui avaient trouvé les mets succulens et en grande abondance, ne s'avisèrent pas de contrarier ces dames, et le reste du repas se passa très-pacifiquement.

CHAPITRE VIII.

Quand tous ceux qui avaient été du dîner furent partis, mademoiselle de Merci fit dire à Husson de venir lui parler. Il lui fit répondre qu'obligé, pour remplir les ordres qu'elle lui avait donnés, sans négliger la besogne courante, de travailler nuit et jour, il ne pouvait se rendre auprès d'elle. « Je vous donne jusqu'à lundi, écrivit-elle sur un chiffon de papier ; mais venez sur-le-champ. » Il fallut bien qu'il obéît. « Charles Husson, dit-elle, je ne vous tiendrai pas longtems ; mais j'ai oublié de vous dire de m'apporter ce que vous avez d'argent comptant, j'en ai besoin. — Madame, je vous observerai qu'étant chargé de payer vos domestiques, les gens de journées et les dépenses courantes, si je vous remets ce qui est en caisse, je vous demande en même tems ma démission ; mais si madame peut se contenter de quatre cents pistoles en argent et cent henris d'or (1), il me restera assez jusqu'à ce que les fermiers paient, pour soutenir la dépense. — Eh bien ! j'y consens ; vous voyez que je suis raisonnable. »

Ce que l'on avait dit de la fête du château de Bonneville n'était pas oublié. Madame de Sériol se mourait d'envie d'y paraître avec sa jeune

―――――――――

(1) Trente marcs.

amie, et de prouver au baron que l'on avait su apprécier son mérite. Philiberte trouvait aussi que c'était un moyen de faire un grand nombre de connaissances; et, comme toutes celles qui n'ont vu le monde qu'au travers de la grille du cloître, elle avait l'idée la plus avantageuse de la société. Cependant, surtout d'après ce qu'elle avait dit au dîner, elle ne pouvait faire aucune avance. Madame de Sériol la servit à merveille; elle lui prouva qu'il n'y avait rien de si simple; qu'elle allait faire une visite au château de Bonneville, ayant été très-liée avec madame de Lignac, et pouvant bien se vanter d'avoir fait le mariage de mademoiselle de Lignac avec le baron. Mademoiselle de Merci la supplia de ne pas perdre un instant, « parce que, dit-elle, si je suis invitée à la fête, il faut que j'aie le tems d'envoyer à Bourges, acheter des étoffes pour des robes, et de les faire faire ici. — Eh bien ! j'irai demain. » Il y avait dans les écuries du château de Champfleury, de très-beaux chevaux et même un fort bon écuyer, qui était anglais; madame de Sériol pria sir Lincelse de vouloir bien l'accompagner jusqu'à Bonneville : il ne demanda pas mieux. C'était un homme ayant plus de cinquante ans, mais bien conservé; il avait grande envie de faire sa cour à madame de Sériol, qu'il trouvait encore fort bien, car il n'avait jamais été difficile. Il fit sceller pour elle un très-joli cheval, et parfaitement dressé, en prit un fort doux, pour qu'il n'eût pas besoin de s'en occuper, et qu'il pût à loisir exprimer ses sentimens à sa nouvelle passion, qui, de bon compte, pouvait bien être la dixième ou douzième. Deux valets, en grande livrée, précédaient et suivaient madame de Sériol et son écuyer; celle-ci était enchantée, et trouvait qu'elle avait très-bon air, que par conséquent elle serait bien reçue; ce n'était pas tout-à-fait une raison. Au château de Bonneville, on fut étonné de voir entrer dans la cour cette cavalcade : le châtelain sortit pour recevoir la voyageuse. Quel fut son étonnement de la voir avec des gens à la livrée de M. de Merci ! Il crut un moment qu'elle s'était fait épouser par le vieux comte; mais elle se hâta de le désabuser, en lui disant en deux mots ce qui la retenait à Champfleury. Le baron la fait entrer ; les dames, quoique peu contentes de sa visite, la reçurent avec une politesse affectueuse, parce qu'elles se souvenaient que c'était elle qui avait été cause du mariage de mademoiselle de Lignac. On lui demanda beaucoup de détails sur sa nouvelle existence: elle y satisfit d'une manière avantageuse pour elle. On parla de mademoiselle de Mercy; elle dit qu'elle était belle, riche, spirituelle, mais que son père voulait qu'elle eût vingt ans avant de la marier; que c'était par grande grâce qu'il avait consenti à ce qu'elle sortît du couvent, et que ce n'était qu'avec la promesse expresse que Zéphirine lui avait donnée, de ne point quitter sa fille, qu'il avait mis celle-ci en possession de son beau château de Champfleury. « — Je ne la savais pas dans ce pays; j'aurais sûrement eu l'honneur de lui faire ma cour, et de l'engager de faire à madame de Bonneville celui de venir à ses relevailles. » Madame de Sériol ne promit rien, dit qu'elle n'avait fait encore aucune visite; que cependant, elle recevrait le baron avec plaisir. On apporta la collation, que madame de Sériol et son écuyer acceptèrent; car, à cette époque, on dînait à midi précis. Zéphirine ayant rempli le but qu'elle se proposait, se sépara de ces dames, ne voulant pas laisser son amie si long-tems seule. Elle remonta à cheval, revint à Champfleury, rendit compte à sa jeune amie de ce qui s'était passé, et se moqua avec elle des soins empressés du pauvre écuyer, de la famille de Bonneville, et de l'amour exagéré que l'on témoignait à un petit enfant à peine né, que ses parens disaient devoir être joli comme un ange ; mademoiselle de Merci riait et disait qu'elle avait le plus grand désir de connaître ces originaux. « Mais, ajouta-t-elle, puisqu'il est certain que je serai de la fête, il faut s'occuper de nos toilettes ; l'argent du bon homme Husson va nous servir merveilleusement : et qui nous empêcherait d'aller à Bourges, faire nous-mêmes nos emplettes ? » Madame de Sériol ne demanda pas mieux.

Les ordres sont donnés, des relais disposés sur la route. On part à cinq heures du matin, on arrive à Bourges à onze ; on passe deux heures chez le marchand d'étoffes, autant chez le joaillier, qui doit remonter une partie des diamans de madame la comtesse de Merci ; car le comte les avait remis à sa fille. Celle-ci donne à sa nouvelle amie une parure de topaze ; tout doit être prêt dans huit jours : on paye les étoffes ; et après avoir pris quelques rafraîchissemens, on remonte à cheval. Les jours étaient encore fort longs ; ainsi, on se flattait d'être de retour à Champfleury avant la nuit close ; mais on n'avait pas pris garde que le chemin qui descendait en allant, montait au retour, et que les chevaux ne pouvaient aller aussi vîte. Un orage, qui semblait s'élever à l'horizon, obscurcissait le jour, en dérobant sous un nuage noir les derniers rayons du soleil. Madame de Sériol éprouva un mouvement de crainte, en pensant qu'il fallait traverser un bois qui avait plus d'une lieue, avant de gagner Champfleury. Le tonnerre grondait au loin, et des éclairs sillonnaient les nues; Philiberte, qui ne connaissait aucun danger, riait de la peur de son amie, ainsi que des avis que donnaient et l'écuyer de son père et les gens qui l'accompagnaient, d'entrer dans une mauvaise auberge sur le chemin. « Quoi! dit-elle, passer une nuit détestable, pour éviter quelques gouttes de pluie! — Nous serions bien heureuses d'en être quittes pour cela; mais voyez donc quel nuage s'approche de nous! Il recèle dans son sein la foudre, la grêle, et des torrens d'eau. — Il se dissipera. — C'est impossible! — Et moi je vous assure que nous avons tout le tems d'être à Champfleury avant qu'il éclate. » Et en disant cela, elle pousse son cheval, et entre dans la route du bois, où les ténèbres régnaient, de manière à ne pas voir à dix pas devant soi. Madame de Sériol se désolait, et Philiberte répondait à ses lamentations par des éclats de rire, quand un coup de sifflet se fit entendre. « Ah ciel ! dit Lincelse, il ne nous manquait que cela ; voilà bien pis qu'un orage, qui en effet s'éloigne ; mais des voleurs ! » Et il donna ordre aux gens qui les suivaient de charger leurs carabines. Il prit un pistolet d'une main, et tenant la bride de son cheval de l'autre, il se prépara à combattre. « Vraiment, dit Philiberte ! vous croyez que ce sont des voleurs ? donnez-moi donc un pistolet ; je saurai me défendre comme un autre. » Il arma son second pistolet, et le lui donna.

Quant à la pauvre Zéphirine, la pusillanimité de son ame se montra dans tout son jour ; elle laissa flotter les rênes sur le cou de son cheval, se couvrit les yeux avec ses mains, et dit : « Dieu ! il me faut donc mourir ! Qu'avais-je besoin d'aller à Bonneville ? Voilà deux fois que ce séjour malencontreux pense me coûter la vie ! » Elle n'avait pas fait cette piteuse exclamation, que l'on vit venir quatre hommes, bien montés et armés jusqu'aux dents, qui crièrent : « Faites halte ; nous ne voulons pas vous faire de mal, mais seulement que vous nous donniez tout ce que vous avez sur vous et avec vous. » A ces mots, l'irascible Philiberte ne répond qu'en tirant sur l'orateur, auquel elle casse le bras. Madame de Sériol, au bruit du pistolet, s'évanouit, et tombe de son cheval. Une décharge des voleurs suit de près l'action de mademoiselle de Merci ; un de ses gens est blessé, et le cheval de l'écuyer est tué sous lui ; il s'élance aussitôt sur celui de Zéphirine, qui reste sans sentiment, couchée sur la terre, à quelques pas du combat, qui allait être fort meurtrier, et dont l'issue, pour les brigands, n'était pas douteuse, deux des leurs étant venus les joindre, quand on entendit de l'autre côté de la route, accourir vingt chasseurs et leur meute, qui tombèrent sur les brigands, et les mirent tous en fuite, à l'exception de trois, que l'on fit prisonniers, ainsi que le chef, qui, ayant été blessé et perdant tout son sang, n'avait pu se soustraire à ses vainqueurs. Mais qui exprimera l'étonnement de M. de Bonneville ! car c'était lui, ses amis et ses gardes, qui à cet instant chassaient dans le bois, et étaient accourus au bruit de la fusillade, lorsqu'il reconnut madame de Sériol, privée de sentiment, et que mademoiselle de Merci s'empressait à faire revenir ? Il fut frappé de la beauté de celle-ci ; il était difficile de voir des traits plus réguliers, une plus belle taille, et des manières plus nobles ; elle était un contraste parfait avec la sensible Alix ; l'une était Junon, l'autre Hébé ; mais il est à remarquer que les hommes d'un caractère doux et presque faible, aiment assez dans les femmes, quelque chose qui se rapproche de leur sexe. Tout ce que le sir de Lincelse racontait à M. de Bonneville, de la bravoure de Philiberte, acheva de lui tourner la tête, et il se dit intérieurement : « Heureux celui qui

possédera cette femme héroïque. »
Mais aussitôt il se reprocha cette pensée, et celle d'Alix, parée de tout le charme de l'amour et de la tendresse maternelle, éloigna pour l'instant le trait qui devait porter le désespoir dans cette vertueuse famille. Enfin, madame de Sériol ouvrit les yeux; mais la terreur s'y peignait encore; elle se croyait blessée mortellement; on avait beau l'assurer qu'elle était tombée de cheval, avant que les voleurs eussent tiré, elle disait que certainement une balle l'avait frappée, et avait causé sa chute. « Elle n'a pas eu d'autre cause, reprit Philiberte en riant, que la peur; mais enfin, grâce à ces braves chasseurs, nous sommes délivrés de tout danger. — Votre valeur, dit M. de Bonneville, avait commencé à vous

assurer la victoire. — Mais, dit-elle, à qui dois-je ma délivrance? — Quoi! reprit languissamment madame de Sériol, vous ne vous doutez pas à ces soins empressés pour moi, que c'est M. de Bonneville? — C'est moi-même; mais peut-être aurais-je dû désirer que votre amie ne m'eût pas nommé. Je dois, madame, vous paraître bien coupable, de n'avoir pas encore eu l'honneur de vous rendre mes hommages. — Je ne sais, monsieur, si vous êtes coupable, ou non; mais je sais que vous venez de me sauver l'honneur et la vie, et d'acquérir ainsi des droits éternels à ma reconnaissance et à celle de mon père, à qui je le ferai savoir dès demain; mais, sans nous occuper de vaines formalités de politesse, il faut nous sortir d'ici avec les blessés et les prisonniers. » Après avoir répondu avec la plus grande émotion au discours de Philiberte, le baron ajouta : « Le délit a été commis sur mes terres, dont ce bois fait partie ; c'est à Bonneville qu'il faut que les blessés et les prisonniers soient transportés ; mais avant tout, il faut dresser un procès-verbal ; il n'y a que mon bailli qui le puisse ; et détachant aussitôt un de ses gens, pour qu'il allât avertir le bailli, il offrit à ces dames de venir chez sa femme, qui serait très-flattée de les recevoir ; que l'on y apporterait le procès-verbal, et que madame de Sériol et mademoiselle de Merci le signeraient. La première, qui était à peine remise de la frayeur qu'elle avait eue, pressa Philiberte d'accepter ce qu'Adolphe lui offrait. Elles remontèrent à cheval, et deux des chasseurs s'empressèrent de les accompagner, parce que le baron ne pouvait pas quitter le champ de bataille. Le tems était devenu calme et serein, et rien ne troubla davantage leur route.

CHAPITRE IX.

Déja l'alarme était au château de Bonneville. Alix pressait sa mère de venir avec elle au-devant de son mari ; mais il fallait aller à pied, car tous les chevaux avaient été employés pour la chasse. Madame de Lignac marchait difficilement et madame de Blézaire encore plus. Cependant notre héroïne les trouva dans la cour, et il fut aisé de voir que sa visite contrariait infiniment madame de Bonneville, et comme toutes les affections de son âme se peignaient sur sa physionomie, elle parut à Philiberte fort peu gracieuse, et après les premiers mots d'usage, de part et d'autre, mademoiselle de Merci dit à Alix : « Je vous gêne, madame, vous alliez sortir ? — J'allais au-devant de mon mari, mais il trouvera bon que je m'en dispense pour avoir l'honneur de vous recevoir. — D'ailleurs, si ce sont des nouvelles du combat, reprit Zéphirine, que vous désirez, personne ne peut vous en donner de plus exactes que Philiberthe. C'est un héros, elle fait le coup de pistolet comme un dragon ; je n'ai jamais vu de femme aussi brave. » En disant ces mots on rentra dans le vestibule du château dans lequel étaient suspendues les armures des braves de la maison de Bonneville. Alix pria ces dames de passer dans la galerie, qui parut à

Philiberte de peu d'étendue, et garnie des meubles les plus antiques. Madame de Sériol demanda la permission de se mettre sur un lit de repos. — Vous n'avez pas d'idée, madame, à quel point je suis brisée : je suis tombée de mon cheval, et puis j'ai eu une si grande frayeur ! la peur fait tant de mal ! C'est pour cela, reprit mad.^{lle} de Merci, que si j'avais une fille, je voudrais qu'elle fût aussi brave qu'un garçon. — Rarement, madame, répondit madame de Blézaire, on a occasion de déployer ce courage, et il m'a toujours paru qu'une douce timidité seyait à notre sexe. — Il est bien question de ce qui sied ou ne sied pas ! dans un moment de péril, avec cette douce timidité, j'aurais été perdue ; le scélérat qui venait sur moi aurait assouvi sa fureur, sans penser si la timidité me rendait plus ou moins intéressante; enfin, grâce à M. de Bonneville, nous nous en sommes fort bien tirés; car malgré ma valeur, nous eussions été accablés par le nombre, et je lui en conserverai toujours la plus vive reconnaissance. Je crois qu'Alix l'en aurait bien dispensée. Marmontel a dit : quand la jalousie ne peut pas enlaidir une rivale, elle la pare des charmes qu'elle n'a pas. C'est ce que fit Alix à l'égard de Philiberte. Elle la trouva grande, et fière comme Pallas. Elle se voyait petite, sans grâces, auprès d'elle. Ah! se dit-elle, si ce genre de femme allait plaire à Adolphe, si la comparaison me faisait perdre dans son esprit : Ah! je sens que j'en mourrais!

A ce moment, madame de Lignac

qui s'était absentée un instant, rentra, portant dans ses bras Elyse, qui venait de se réveiller, et dont les joues le disputaient à la rose. Elle sourit à sa mère, lui tendit ses petits bras, et la força à s'asseoir, pour qu'elle lui donnât son sein. Philiberte ne fut point émue de ce tableau, et se promit, si elle avait des enfans, de n'avoir pas l'ennui de les nourir; cependant, elle se conforma à l'usage, et dit que la petite était jolie comme sa mère. Madame de Sériol se leva de son lit de repos, pour caresser l'aimable enfant, la prit des bras de sa mère, la fit sauter; mais il semblait qu'un instinct conservateur, faisait sentir à Elyse, qu'elle n'était pas là dans des mains amies, et elle s'élançait pour retourner avec sa mère, qui la reprit « Pardon, dit-elle à madame de Sériol, mais elle est sauvage, et ne connaît que ses mamans, car elle est constamment tenue par moi, ma mère et ma tante.—C'est à merveille, répondit Philiberte, mais il me semble que c'est lui préparer des chagrins ; il faudra bien que vous vous rendiez à la société. — La société! Elle n'a nul besoin de moi. Je me rends justice, je n'ai rien de ce qu'il faut pour y briller : je ne suis à l'aise que dans mon intérieur, et avec un petit nombre d'amis de M. de Bonneville, dont le choix est parfait.— Mais vous ne resterez pas toujours dans votre château ; il faudra bien que vous alliez à la cour. — Dieu m'en préserve, en quoi pourrait-elle me dédomager des jouissances que je perdrais ici !..... A cet instant, M. de Bonneville arriva avec l'écuyer de mademoiselle de Merci, ses gens, les chasseurs de M. de Bonneville, les blessés, les prisonniers ; tout cela remplissait la cour, le vestibule et une partie de la galerie, suivant leurs rangs dans la société. Le bailli, ses assesseurs entrèrent aussi, et présentèrent à ces dames le procès-verbal à signer, après leur en avoir donné lecture. Mademoiselle de Merci fut très-contente de la rédaction : l'acte était rempli d'éloges de son courage, de sa présence d'esprit ; et tout cela, en si bons termes, qu'elle ne put douter que cette partie du procès-verbal avait été dictée par Adolphe. Alix ne le devina pas, mais elle vit que son héroïque voisine avait mérité de grands éloges ; Eh ! quelle est la femme qui supporte avec calme les louanges que l'on fait d'une autre, dont elle craint

le parallèle. Cependant, elle s'efforç
de dissimuler la peine que cette ave
ture lui causait; parut, et fut en effe
très-empressée auprès de son mari;
lui parla des craintes qu'elle avait
éprouvées, lorsque la nouvelle de ce
combat lui était parvenue. Adolphe
l'en remercia, mais d'une manière
qui lui semblait légère; tandis qu'il
donnait toute son attention à la pro-
cédure, et à s'assurer des scélérats
qui étaient tombés en son pouvoir.
Leur prise était d'autant plus importante, qu'ils faisaient partie d'une
bande formidable qui infestait les fo-
rêts du Berry. Alix, le cœur affligé
de la prétendue froideur de son mari,
n'en était pas moins compatissante,
et quelque criminel que fut le chef
desvoleurs, son état de souffrance la
toucha, et elle obtint qu'il ne serait

pas mis au cachot, mais placé dans une chambre haute, grillée, où on lui donnerait tous les secours que son état exigeait, et surtout ceux de la religion ; car, disait-elle, si rien ne peut le réconcilier avec les hommes, la miséricorde de Dieu est plus puissante, plus généreuse ; et elle pria l'aumônier de porter à ce malheureux, les sublimes consolations dont son ministère le rendait dispensateur. Si Alix prit tant de soin pour un scélérat, on pense bien qu'elle ne fut pas moins empressée auprès de ses gens et ceux de Philiberte, qui avaient été blessés : heureusement, aucun ne l'était d'une manière inquiétante. Ces soins la détournèrent des idées noires, que l'arrivée subite de mademoiselle de Merci et de sa compagne lui avait données.

Elle s'occupa aussi du logement de la fille du comte et de son amie, et sous prétexte de donner à la première le plus beau du château, elle plaça ces dames le plus loin qu'elle put d'elle, et par conséquent du baron qui avait le même appartement que sa femme; mais en revanche, elle y fit porter sa toilette de vermeille, des vases de porcelaine de la Chine, tout ce dont ces dames pouvaient avoir besoin, n'ayant rien apporté avec elles; Alix aurait été bien fâchée de manquer à l'hospitalité.

Elle donna des ordres pour que le souper fût excellent; mais il n'en fut pas moins triste. En vain, madame de Sériol déploya toutes les ruses de la coquetterie, elle ne pût tirer les convives des idées sombres qui les obsédaient. Mesdames de Lignac et de

Blézaire ne pouvaient souffrir Zéphirine ; d'ailleurs, plusieurs causes augmentaient leur éloignement pour elle. Le mécontentement visible qu'elles remarquèrent dans celle qu'elles aimaient également comme leur fille, les regards que le baron jettait à la dérobée sur mademoiselle de Merci, l'air de triomphe de Philiberte, donnaient trop à penser, pour qu'il fût possible de les détourner de leurs observations, par les riens, dont se composait la conversation de madame de Sériol. Philiberte était pressée de se retirer dans son appartement, et sous prétexte de la fatigue de la journée, elle manifesta le désir de se coucher aussitôt après le souper, et on pense bien qu'Alix ne s'y opposa pas. Elle remplit néanmoins l'étiquette de ces tems ; elle conduisit mademoiselle de Merci et madame de Sériol dans l'appartement qui leur était destiné; deux femmes les y attendaient pour les déshabiller, et leur offrir comme je l'ai dit, tout ce qui pouvait leur être agréable ou commode pour leur toilette. Alix avait tout prévu. Philiberte en témoigna sa reconnaissance à la maîtresse du château; mais il était aisé de voir que les remercîmens et les attentions, n'étaient pour ces dames, que des monnaies que l'on échange dans la société, et qui n'ont de cours que comme un tribut payé à l'usage. Elles étaient aussi empressées l'une que l'autre de se séparer, et au bout de quelques minutes, madame de Bonneville se retira dans son appartement, où elle ne trouva personne. M. de Bonneville, mécontent de lui-même, était allé se coucher seul, ce qui ne lui était jamais arrivé depuis son mariage. La mère et la tante, qui voulaient se communiquer leurs observations, et surtout n'en laisser pénétrer aucune à Alix, n'étaient point entrées chez elle, de sorte qu'elle ne trouva dans sa chambre que ses femmes et sa petite fille qui dormait. Elle se hâta de se débarrasser de témoins gênans; s'étant fait déshabiller, elle congédia ses femmes, et lorsqu'elle se vit seule dans sa chambre, avec ses doutes, ses allarmes et son amour, qui pour la première fois, ne rassurait pas son cœur contre l'inconstance d'un époux qu'elle adorait, après être restée abîmée dans les plus tristes réflexions pendant plus d'une heure, elle forma la résolution de ne jamais confier à qui que ce fût, ses douloureuses pensées. Je sais bien, se disait-elle, que c'est les rendre plus fâcheuses; qu'elles prendront sur mon humeur, que je deviendrai triste, morose, que mon époux m'en aimera encore moins; je sais bien qu'alors, elles feront sur mon pauvre cœur l'effet d'un poison corrosif qui trancherait promptement mes jours; mais il ne m'aime plus, qu'ai-je besoin de vivre? Terrible effet des passions! Alix! vous oubliez que vous êtes mère, et est-il jamais libre à une mère de laisser éteindre volontairement le flambeau de sa vie: la passion ne raisonne point; et même légitime, elle nous perd quelquefois.

CHAPITRE X.

Alix ne se couche pas ; comment se trouver dans ce lit que son époux fuyait? Elle soigna son enfant ; c'est la seule chose dont elle fut capable. A six heures, elle entend marcher, elle reconnaît les pas d'Adolphe ; alors honteuse de sa douleur, elle ne veut pas qu'il voie qu'elle a passé la nuit à l'attendre. Elle s'élance vers la porte, ferme un verrou, et se précipite dans son lit. En vain le baron appelle, on ne lui répond pas. L'homme le plus confiant, quand sa conscience l'accuse, est bien près de connaître les soupçons. Las de frapper, d'appeler, il se laisse emporter à l'impétuosité de son ame ; il ne ménage plus rien, et la porte tombe en éclats. Le bruit qu'elle fait effraie Elyse, qui jète des cris perçans. Sa mère la prend, l'apaise ; le baron promène un regard scrutateur dans la chambre, et ce regard n'échappe pas à Alix. « Que me voulez-vous ? lui dit-elle. Ma mère serait-elle malade ? — Non, chère Alix, mais j'ai craint que vous ne le fussiez ; voilà plus d'un quart-d'heure que je frappe à coups redoublés, que j'appelle, et vous ne me répondez pas. — Il y a à présumer que je n'ai point entendu. — A présumer ! quelle manière de répondre ! — Elle n'a rien d'injurieux, mais enfoncer la porte d'une femme !—Cette femme est la mienne ! — Et par préférence pour un lien si respectable, vous vous croyez exempt de tous égards ? — Alix, vous ne m'aimez plus. — Vous ne le croyez pas ! Les preuves de mon amour sont encore trop récentes, pour que vous en puissiez douter ; mais enfin, que me voulez-vous ? — Vous voir, voir ma fille, vous dire qu'hier j'étais accablé de fatigue ; la chasse, ce combat..... J'ai cru que vous resteriez tard chez mesdames de Sériol et de Merci ; alors je me suis couché, mais je n'ai pas dormi. J'ai pensé vingt fois venir vous trouver ; mais j'ai craint qu'au milieu de la nuit, mon apparition ne vous fît peur. — Et c'est pour cela que vous venez ce matin avec tant de précautions ! — Je croyais vos femmes levées, votre porte ouverte. — Je l'ai fermée en dedans; était-il prudent, étant seule…. — Oui, vous avez bien fait; j'ai eu tort, grand tort, Alix; pardonnez-moi, et il se mit à genoux auprès de son lit. — Que faites-vous, monsieur ? est-ce donc ainsi qu'un époux tendre et fidèle se conduit ? Qui vous engage à vous abaisser ainsi ? M'avez-vous jamais vu chercher à usurper les droits de votre sexe ? Ne sais-je pas qu'une femme doit toujours être soumise, et qu'elle manque entièrement au but de la nature, quand elle prétend être la maîtresse. — Alix, vous me mettez au désespoir; qui a pu vous rendre si froide, si moraliste ? Qu'ai-je fait pour perdre votre tendresse ? — Vous l'aurez jusqu'à mon dernier jour, quels que soient vos sentimens pour moi ! — Mais comment doutez-vous de mon cœur? — Je n'en doute point, parce que ce serait l'arrêt de ma mort. — Chère Alix, je vous le répète, j'étais hier très-souffrant, je me suis couché. — Vous avez très-bien fait. — Non, car je vous ai affligée. — En aucune manière! — Ah! chère Alix, si vous saviez combien vous m'êtes chère! et notre Elyse n'est-elle pas un lien que rien ne doit rompre! — Je n'y avais pas encore pensé.... — Ah! tout ce que je dis vous offense. — Moi! je vous jure que non, mais je ne vous cache point que la petite m'a empêchée de dormir toute la nuit; je ne faisais que fermer les yeux, quand vous êtes venu, et vous me feriez plaisir de me laisser prendre quelques heures de repos : voulez-vous bien, mon cher Adolphe, dire à mes femmes de n'entrer chez moi qu'à neuf heures. Ah! j'oubliais que la porte ne ferme plus! — Alix, si vous vouliez passer dans ma chambre, vous y dormiriez tranquillement, et j'aurais bien soin que rien ne troublât votre repos. » Soit faiblesse, soit calcul, Alix passa une robe, et se laissa conduire dans la chambre de son époux. L'amour l'y attendait, et la paix fut scellée, mais sans explication; et le plus funeste levain fermenta dans le cœur de la baronne : son mari ne lui donna que trop souvent l'occasion d'en ressentir les funestes effets.

Mesdames de Blézaire et de Lignac, avaient passé une partie de la nuit à gémir sur la funeste rencontre de cette *virago*, qui prend de l'étourderie, de l'audace, pour du courage. D'ailleurs, que faisait-elle dans le bois à neuf heures du soir, avec la très-inconséquente Madame de Sériol et le vieil écuyer de son père? Tout cela est fort suspect, et M. de Bonneville n'avait nul besoin de se mêler de cette affaire, qui va lui coûter beaucoup d'argent (1). J'espère que cette héroïne ne sera pas sans cesse ici, ni sa dame de compagnie. Le comte a eu bien tort de ne pas laisser tout cela au couvent; je parie

---

A l'époque à laquelle se passaient les événemens que j'écris, les Seigneurs hauts-justiciers étaient tenus des frais des procès criminels, dans tout le ressort de leurs seigneuries, ce qui faisait que beaucoup de crimes restaient impunis. Le Roi, par une ordonnance du commencement de l'autre siècle, les déchargea de tout, pourvu qu'ils fissent les premières procédures.

qu'elles seront cause de quelques malheurs dans la famille.

Il y a des gens qui prétendent que les événemens arrivent parce qu'ils sont prédits (2). Peut-être la mauvaise humeur de la tante et de la mère, contribua-t-elle beaucoup aux malheurs qui changèrent cette maison, naguère citée comme le séjour de la paix et du bonheur, en une arène de dissensions, de procès, de haine et de dévastation.

Ces dames se couchèrent tard, et dormirent une partie de la matinée; quand elles se levèrent, Philiberte était déjà loin. Elle avait demandé ses chevaux à neuf heures ; le baron

---

(2) Je n'ai pas besoin de dire que cela n'a aucun rapport avec les prophéties sacrées.

en prévint sa femme, qui se leva, fit de fort bonne grâce les honneurs du déjeûner, excusa sa mère et sa tante de ne s'y pas trouver ; qu'ayant été troublées par l'événement de la veille, elles avaient très-mal dormi, et qu'on n'avait pas voulu entrer chez elles. Mesdames de Merci et Sériol assurèrent qu'elles auraient été bien fâchées que l'on eût troublé leur repos. Le baron fut assez gauche; il craignait d'affliger sa femme, et cependant il aurait voulu être certain que la belle Amazone viendrait à sa fête. Alix le tira d'embarras, fut la première à en reparler, et dit, qu'aussitôt que le jour serait décidé, elle aurait l'honneur d'aller à Champ-fleury, pour en faire part à mesdames de Merci et de Sériol.

On vint avertir que les chevaux

étaient sellés ; mais quelle fut la peine d'Alix, quand elle vit celui de son mari parmi ceux de la fille du comte. Elle fut cependant assez maîtresse d'elle-même, pour n'en rien faire paraître. Elle accompagna ces dames jusqu'au perron. Adolphe prit la main de sa femme, la serra affectueusement dans les siennes, la porta à ses lèvres ; mais Alix la retira, en disant, avec un rire forcé : « Un mari baiser la main de sa femme, après un an de mariage! ce serait d'un ridicule achevé. — On ne l'est jamais, en témoignant les sentimens de son cœur! Je serai ici dans moins de deux heures ; je ne ferai que traverser le bois. — Vous êtes libre, monsieur; il n'y a dans le mariage, d'enchaîné que les femmes. » Il s'approcha d'elle, et lui dit tout bas : « Veux-tu que je reste ? — J'en serais bien fâchée ; mais ne revenez pas tard, j'aurais la sottise d'être inquiète. » Il le lui promit et partit. Déjà mademoiselle de Merci était à cent pas : il mit son cheval au galop, pour la joindre. Alix le vit, et elle en éprouva un redoublement de peine.

Il fallait faire raccommoder la porte qui avait été brisée. Le souvenir de cette violence était désagréable à la sensible Alix. Elle se hâta donc de donner des ordres pour que tout fût réparé ; et prenant son Elyse dans ses bras, elle passa chez sa mère, qui finissait de déjeûner avec sa sœur. « Pourquoi, leur dit-elle, mes bonnes amies, n'êtes-vous pas venues déjeûner avec nous ? — Parce que je hais, dit madame de Lignac, mademoiselle de Merci, et méprise madame de Sériol. — Il y a des circonstances dans lesquelles il faut prendre le parti de la prudence. — Jamais avec les êtres méchans et méprisables. — Mais qui vous dit, ma mère, que mademoiselle de Merci soit méchante? — Tout : elle a vu, sans la moindre émotion, le malheureux à qui elle a cassé le bras; il souffrait des douleurs atroces, elle le regardait avec une froide insensibilité ; malheur à l'homme qui lui sera uni ! elle sera sa souveraine maîtresse. Voilà, dit la tante, comme il faut être, pour conserver l'affection des hommes ; une femme tendre, douce, tout occupée de leur bonheur et de remplir ses devoirs, leur devient ennuyeuse; c'est toujours la même chose : enfin, prenez-y garde, ma nièce, ne vous liez pas avec cette Bellonne; les hommes sont si volages! — Je ne crois pas que l'on puisse ranger M. de Bonneville dans cette catégorie; et d'ailleurs, je suis si sûre de son cœur; » et en prononçant ce mot, elle soupira; sa mère la serra dans ses bras. — Pauvre enfant! pauvre enfant! si jeune, si aimable, éprouver un pareil sort! — Je ne sais en vérité, ma mère, ce que vous voulez dire; il me semble que mon sort est bien au-dessus de ce que j'aurais dû espérer. J'aime et je suis aimée d'un mari jeune, d'une figure charmante, plein d'esprit, de bonté; j'ai un enfant adorable, une belle fortune; je passe ma vie près de vous et de ma tante; que pourrais-je souhaiter? — Tant mieux, mon enfant, si je me trompe; mais, dis-moi, où est donc ton mari? — Il est monté à cheval. — Est-ce à

Bourges qu'il va ? — Non, il est allé promener dans le bois. — Escorter l'amazone ? — Quand cela serait, il n'y aurait rien d'extraordinaire. — Dès que cela vous convient, personne n'a le droit de le trouver mauvais.— Vous m'avez appris, ma mère, qu'une femme ne peut être heureuse qu'en se conformant au goût de son mari ; et c'est ce que je compte faire tant que je vivrai. » Elle se mit à un métier de tapisserie, parla de toute autre chose ; et sa mère et sa tante, reconnaissant qu'elles avaient tort, ne poursuivirent pas plus loin cet entretien, dont chaque mot avait percé le cœur de la pauvre Alix, comme avec un poignard.

CHAPITRE XL.

L'heure du dîner arriva : M. de Bonneville ne s'y trouva pas. Alix demanda à sa mère la permission de le retarder quelque tems. Madame de Lignac y consentit, « quoique, dit-elle, cela soit inutile ; il ne sera ici qu'à neuf heures du soir ! » Enfin on servit, et le baron était encore absent ; cinq ou six convives étaient venus pour savoir des nouvelles du combat de la veille. Alix s'empressa de le raconter, pour empêcher sa mère et sa tante d'y joindre des réflexions satyriques ; mais quelque soin qu'elle y mit, elle ne put parer quelques traits qui toujours sont recueillis par ceux qui se disent vos amis (et le sont si peu)! Cependant, ce n'était pas là son plus cruel chagrin : comment a-t-il pu rester à dîner chez mademoiselle de Merci, quand il m'a promis de n'être que deux heures absent? Ce fut bien pis quand le soir arriva, et que le baron ne rentra pas ; elle ne savait où porter ses douleurs. Aucunes plaintes ne s'échappaient de sa bouche ; mais sa mère devinait ses pensées, y répondait; et en voulant la consoler, elle agravait sa désolante situation. Madame de Lignac et sa sœur lui proposèrent de passer la nuit dans sa chambre ; elle les assura que cela n'était point nécessaire, qu'elle allait se coucher, et qu'Adolphe reviendrait quand il voudrait. Il fallut bien que ces dames feignissent de croire qu'elle n'avait aucun chagrin, et qu'elles la laissassent libre de répandre des larmes. Alix se hâta de renvoyer ses femmes ; alors elle se jeta à genoux, et s'écria : « Mon Dieu, vous êtes juste dans vos voies ; vous m'aviez formé un cœur pour vous, et je l'ai donné tout entier à une faible créature, qui n'a pu payer mon ardent amour ! Vous permettez, ô mon Dieu ! qu'il me trahisse, pour que je vous rende toutes mes affections. De ce moment, auteur de tout bien ! je vous consacre ma vie, et je vous promets de ne plus témoigner à mon époux ni mécontentement ni aigreur. Puissiez-vous récompenser ma parfaite résignation, en abrégeant le tems de mon supplice ! » A peine avait-elle prononcé ces paroles, qu'elle se trouva calme et soumise à la volonté suprême; elle donna le sein à son enfant, la serra contre son cœur, appela sur elle toutes les grâces du ciel, se coucha et s'endormit.

M. de Bonneville revint vers deux heures du matin; et emporté par le désir de revoir Alix, de se justifier, il entre chez elle. En arrivant, le bruit qu'il fit en ouvrant sa porte la réveille. « Quoi ! c'est vous, mon ami ? lui dit-elle en lui tendant la main, et lui souriant avec douceur. — Ah ! mon Alix, que je te sais gré de ton indulgence, et qu'il me paraît bien plus facile de me justifier en te voyant si calme. » Alors il lui conta qu'il n'avait pu, sans manquer à tous les égards, ne pas reconduire mademoiselle de Merci jusque chez elle;

qu'à peine arrivés, elle avait fait servir le dîner, qu'ensuite elle lui avait fait voir le parc, qui est d'une grande beauté ; qu'enfin il avait voulu partir, mais qu'à son grand étonnement, il s'était trouvé sans cheval et sans personne pour l'accompagner. « Alors j'ai dit que je m'en irais à pied ; elle a répondu par l'ordre de lever le pont-levis ; mais tout cela en riant comme une jeune pensionnaire. — En effet, dit Alix, c'est fort drôle ! — Je n'ai pu rien obtenir de Philiberte, de la journée ; mais ayant observé une brèche au mur du parc, j'ai pris patience en enrageant. Aussitôt que j'ai été retiré dans ma chambre, qui était située au second, j'ai attaché mes draps à ma croisée, je me suis laissé couler le long du mur et me suis trouvé sur la terrasse.

Alors j'ai couru de toutes mes forces; j'ai traversé la brèche qui donnait sur la forêt, et après quelques détours que la lune éclairait, j'ai trouvé la grande route, et l'ai suivie sans aucun accident. — Vous pouviez, mon cher Adolphe, courir de grands dangers! — Non, l'amour me protégeait! » Ce mot fit tout oublier à Alix, qui se pencha doucement vers son époux, et le serra sur son cœur.

Mesdames de Lignac et de Blézaire furent fort étonnées, lorsque le lendemain matin elles vinrent pour consoler leur fille, de trouver la porte fermée. « M. le baron est rentré fort tard, dit Victoire, et il dort. — Quelle est faible! Enfin, ce sont ses affaires et non les nôtres. » Au déjeûner, Alix fut gaie et tendre; on raconta l'histoire, qui était exactement vraie; les douairières ne la crurent point, mais n'osèrent se permettre aucunes réflexions.

La journée se passa fort agréablement; mais dans l'après-dînée, un des gens de mademoiselle de Merci apporta une lettre de madame de Sériol à M. de Bonneville, où elle l'assurait que mademoiselle de Merci était dans la plus grande colère, et bien décidée à ne point aller à la fête de Bonneville s'il ne venait passer la soirée chez elle; qu'elle n'osait prier la baronne, pensant que nourrissant sa petite, c'était impossible. « Pourquoi ? reprit Alix ; j'irai en litière avec la berceuse. » Le baron ne s'en souciait pas beaucoup; mais comment refuser ce témoignage d'affection de la mère de son enfant? Il eut donc l'air enchanté, donna ordre aussitôt que l'on préparât la litière, que l'on sellât son plus beau cheval, et que quatre hommes de livrée fussent prêts à les suivre, sans compter les muletiers. Madame de Lignac trouva que sa fille avait fort mal fait, mais ne le lui dit pas. La jeune baronne fit de grands frais de toilette, et était réellement charmante ; Elyse fut aussi parée que son âge le comportait. Pauvre enfant ! puisses-tu ne jamais connaître les malheurs de ta mère !

L'homme qui avait apporté le billet de madame de Sériol, était de retour à Champfleury bien avant que M. et madame de Bonneville y fussent arrivés. Il avait été chargé de dire que le baron apporterait lui-même le soir sa réponse, de sorte que Philiberte s'enorgueillissait de son triomphe, nonqu'elle eût le projet de s'engager dans des liens que ni la religion, ni l'honneur ne pouvaient sanctionner, (l'idée de manquer ouvertement à la vertu n'entre que bien rarement dans le cœur d'une jeune fille), mais elle trouvait M. de Bonneville d'une société aimable; et sans s'embarrasser s'il convenait ou non à sa femme qu'il fut le sigisbé de la belle Philiberte, elle mit dans ses arrangemens de le nommer de toutes ses parties; enfin de l'attacher à son char, sans autre plaisir que celui qu'un orgueil effréné peut offrir. Ce qui fut encore plus coupable, c'était la conduite de madame de Sériol, à qui le comte avait confié sa fille, de se faire un jeu cruel de troubler un bon ménage en ne faisant pas voir à mademoiselle de Merci toute l'inconséquence de sa conduite avec un homme marié, qu'elle n'aimait pas, et qui, s'il venait à l'aimer, serait le plus infortuné des hommes ; car une fois sorti de la ligne du devoir, on ne peut y rentrer que par des efforts qui souvent restent sans succès ; et c'est la punition de l'imprudence et de la vanité qui a présidé aux premières démarches ; mais madame de Sériol se garda bien d'avertir sa pupille du danger qu'elle courait : l'amuser, soit d'une chose, soit d'une autre, se l'attacher par de basses complaisances, voilà tout ce qu'elle voulait. Elle applaudit donc à ce beau projet ; mais quand elle vit M. de Bonneville à côté d'une litière, elle trouva que leur plan était déconcerté. « Ah ! mon Dieu ! s'écria Philiberte, voilà bien le mari, mais en outre la nourrice et le poupon ; cela sera charmant. »

Adolphe descendit de son cheval, qu'il donna à son piqueur, prit Alix dans ses bras, la posa à terre ; la berceuse et l'enfant descendirent aussi, et Adolphe donna la main à sa femme, la présenta à la châtelaine, qui parut enchantée de la voir ; engagea *la charmante petite mère* à se placer sur une ottomane, avec *sa gentille petite fille.* Elle se tint un moment auprès d'elle ; mais ne pouvant commander au désir de jouir de la promenade, elle dit à M. de Bonneville : « Il commence à faire frais ; je n'ose offrir à madame de descendre dans le parc, je craindrais que l'humidité ne lui fît mal et à sa petite ; elle nous permettra donc d'aller seulement jusqu'au bout de la terrasse : je ne suis pas sortie de la journée, et j'ai un mal de tête effroyable ; voilà notre curé et sa respectable sœur, qui tiendront compagnie pendant ce tems à votre aimable compagne. Adolphe sentait toute l'inconvenance de ce procédé. Quand un homme cesse d'aimer sa femme, il n'en exige pas moins que ses amis et ses connaissances lui conservent les égards qui lui sont dus, à plus forte raison, quand il a encore pour elle une tendre affection. Il fut donc choqué de cette manière de recevoir la baronne, et il fut au moment de le faire sentir crûment à Philiberte; mais la pensée que ce serait peut-être un moyen de rompre, fit qu'il n'osa marquer son mécontentement, car il faut en convenir, Adolphe tenait déjà beaucoup à la société de cette dangereuse Syrène. Il se laissa donc entraîner, et ce fut pour Alix un violent chagrin.

Il est à peine arrivé, il suit cette femme !
Ce n'est pas madame de Sériol qui la
tourmente, elle est vieille et laide;
mais Philiberte !... Elle se souvient
de la promesse qu'elle a faite à Dieu,
souffre, et se tait. L'arrivée du curé
et de sa sœur, que l'impertinente
Philiberte lui laisse pour lui tenir
compagnie, parce qu'elle les regardait comme les personnages les plus
ennuyeux et les plus sots, fit éprouver
à Alix un sentiment bien différent.
Elle fut charmée de l'esprit et du savoir du frère, de l'aimable simplicité,
de la douceur, de la gaîté de la sœur.
Ces braves gens se trouvèrent dès
l'instant à leur aise avec madame de
Bonneville; elle était si affable, avait
si peu de prétentions, que l'on croyait
dès la première fois l'avoir connue depuis long-tems. La nuit qui avançait

à grands pas, ramena enfin les promeneurs plus de deux heures après qu'ils avaient quitté si malhonnêtement la baronne; et ils revinrent en riant aux éclats; lorsqu'Alix leur en demanda la raison : — Il me serait difficile, madame, de vous le dire, c'est si peu de chose, que racontée, cela perdrait toute sa gaîté. Alix n'insista pas, et Philiberte, calmant ses joyeux accès, prit enfin un maintien décent, et vint s'asseoir sur l'ottomane, auprès de madame de Bonneville : elle lui demanda pardon d'avoir été si long-tems dans le jardin. « Vous m'aviez laissée avec une compagnie si aimable, que je vous ai attendue, madame, sans éprouver un moment d'ennui; d'ailleurs, la soirée était belle, vous avez bien fait d'en profiter... Votre mal de tête est-il dissipé? — Il va mieux. »

CHAPITRE XII.

Après un moment de silence, mademoiselle de Merci s'adressa au curé et lui dit : « Mon cher pasteur, vous passerez la soirée avec nous. » Le curé, peu accoutumé à cette faveur, se hâta d'accepter, car il avait pris en amitié l'aimable Alix : sa sœur fut aussi invitée. On arrangea une partie d'hombre pour madame de Bonneville, le curé et sa sœur ; on garda Adolphe pour jouer à de petits jeux avec madame de Sériol, Philiberte, et trois jeunes personnes : c'étaient les filles d'un propriétaire, demeurant dans le village de Champfleury. Elles étaient assez jolies, mais mal élevées, ayant une familiarité, qui, dans une femme, prouve une mauvaise éducation. On trouva qu'il faisait trop chaud dans le salon ; on fit éclairer la terrasse avec des terrines placées de loin en loin, de sorte que l'on eût pu dire ce vers d'un poète, dont le nom m'échappe, qu'il faisait

Assez clair pour se voir,
Pas assez pour rougir.

Qu'on juge ce que souffrait Alix, quand les éclats de la grosse gaîté de cette folle réunion arrivèrent jusqu'à elle, et il lui était difficile de conserver l'apparence d'un calme parfait, tandis que son pauvre cœur était déchiré. Comment, se disait-elle, celui qui m'aimait si tendrement, il y a à peine quelques jours, est-il devenu tout-à-coup si inconséquent dans sa conduite ! Encore hier, il me jurait qu'il ne pouvait aimer que moi, et le voilà, se livrant avec une troupe de jeunes écervelées, à des jeux qui n'ont d'innocent que le nom !.. Ah ! je suis bien malheureuse ! mais tout-à-coup elle s'interdit ces pensées. Qui me permet de juger mademoiselle de Merci ? Qui me dit qu'elle est coupable ? N'est-il pas simple qu'à son âge mon Adolphe trouve quelque plaisir dans les agaceries de jeunes personnes de figures agréables ? Allons, occupons nous du jeu, et que ceux qui prennent avec moi ce délassement n'aient pas à se plaindre de ma distraction ! et voilà Alix, martellant son pauvre cœur pour l'empêcher de sentir les torts de son époux, et n'en souffrant qu'un peu plus ; car le feu que l'on renferme, n'en fait pas moins de ravage,

Enfin, la cloche du souper mit fin son supplice. Mademoiselle de Merc rentra, donnant le bras à Adolphe L'agitation des plaisirs bruyants auxquels elle venait de se livrer, avait ajouté à la beauté de son teint naturellement pâle, et à l'éclat de ses yeux, qui parurent à Alix les plus beaux qu'elle eût vus. S'il n'y avait eu qu'elle qui les eût remarqués, cela aurait eu peu d'inconvénient ; mais malheureusement, le baron les avait aussi admirés, et comparés avec ceux d'Alix, moins grands que ceux de Philiberte, et dont un voile de timide pudeur, ne laissait pas entrevoir la vivacité de ses affections ; tandis qu'à ce moment, tout peignait dans Philiberte, l'ardeur avec laquelle elle s'abandonnait à ses sensations.

Madame de Sériol fit pour elle des

excuses à madame de Bonneville, de l'avoir laissée; mais il faisait un tems délicieux; la baronne ne répondit que peu de mots, qui n'annonçaient en rien l'aigreur. A table, mademoiselle de Merci ne pût faire autrement que de placer Alix à côté d'elle; mais l'autre place fut pour Adolphe; madame de Sériol se mit au milieu, en face de son amie, et fit pour elle les honneurs du souper, qui était des plus recherchés, et pendant lequel, Alix n'eût à causer qu'avec le curé qui s'était placé à côté d'elle : car mademoiselle de Merci parla sans cesse à Adolphe, et il faut en convenir, avec beaucoup d'esprit. Mais comment ne sentait-elle pas qu'elle devait des égards à une femme, qu'elle savait bien aimer son mari à l'idolâtrie.

Pendant le souper, la lune s'était levée, et le ciel étincelant d'étoiles, présentait un spectacle ravissant, qui se répétait dans les eaux du Cher. « Que la nuit est belle ! dit Alix, avec un accent mélancolique qui peint le sentiment qu'éprouve un être malheureux à l'aspect d'un ciel éclairé par l'amante d'Endémion.—Oh oui ! dit Philiberte, et si vous voulez, madame, (c'était presque les seules paroles qu'elle eût adressées directement à la baronne), au lieu de vous enfermer dans votre litière, nous vous reconduirons madame de Sériol et moi, dans une jolie barque à voile, que j'ai fait réparer : votre enfant y dormira tout aussi paisiblement que dans la litière. Je ne demande pas mieux, dit Alix. Elle se sentait émue par le calme imposant de la nature, et son cœur s'élevait alors trop fortement vers le Créateur de l'univers pour ressentir la moindre humeur contre ses créatures.

Aussitôt les ordres sont donnés ; les jeunes filles avaient disparu après le souper, leurs parens les ayant envoyées chercher. Aussi mademoiselle de Merci retint-elle le curé et sa sœur, ne voulant pas avoir à soutenir la conversation avec madame de Bonneville. Il fut impossible de décider mademoiselle Berton, (c'était le nom du curé et celui de sa sœur) à être de la partie : elle craignait l'air de la nuit. Son frère la reconduisit au presbytère, et revint trouver ces dames ; la barque était prête ; le Zéphir enflait la voile ; on descend au bord de l'eau ; M. de Bonneville donne la main à Philiberte, qui laisse madame de Bonneville passer la première avec le bon curé, puis madame de Sériol et un vieux capitaine de grenadiers, qui n'avait pas dit quatre mots dans toute la soirée, mais qui avait bu trois bouteilles de vin vieux. Il se plaça sur l'arrière de la barque, et s'y endormit profondément. Rien de joli, de commode comme cette barque! quoiqu'il n'y eût que deux lieues de Champfleury à Bonneville, le Cher faisait tant de circuits dans les belles prairies qui le bordent, que l'on pouvait en compter six à sept par la rivière ; ainsi, on ne pouvait guère arriver qu'aux premiers rayons du jour ; mais comme avec les sujets de chagrin qu'éprouvait Alix, elle n'eût pas mieux dormi dans son lit que dans la barque, elle trouva plus agréable de passer le tems, environnée de tout le prestige, qu'une belle nuit crée pour les imaginations ardentes, à être tristement enveloppée dans ses rideaux. D'abord, son enfant fut le sujet de ses soins, elle venait de se réveiller; le baron parut s'en occuper; il forma avec quelques pieux qui étaient dans la barque, et une couverture de l'enfant, une espèce de pavillon, pour que la petite ne fût pas incommodée du serein. Alix lui sut gré de ses attentions : elle se dit : la fantaisie qui l'occupe passera, et il aimera toujours la mère d'une enfant qui lui est chère; cette pensée en éloigna toute autre pendant quelque tems; mais bientôt, le baron cessa de penser à l'une et à l'autre, et ne parla qu'à mademoiselle de Merci et à son imprudente amie. Alix, dont l'enfant était endormie, se trouva seule avec le curé, puisque le vieux capitaine dormait bien profondément. L'ame d'Alix était tellement triste, que sans en faire connaître la cause, elle parla à ce respectable vieillard de ce qu'elle éprouvait en elle-même. Le curé n'eût que trop tôt démêlé ce qui se passait en cet instant dans le cœur de la Baronne, et il laissa prendre à son entretien, une pente morale, et surtout de cette morale, qui seule peut consoler, parce qu'elle seule, fait voir la grandeur de nos espérances, qui rendent nos peines légères, en comparaison de la récompense promise. Les passions, disait M. Berton, ne sont qu'une fièvre momentanée, elles troublent, elles agissent tant qu'elles durent, et lorsqu'elles s'amortissent, elles laissent une langueur, une tristesse, qui ôtent à l'ame toute son énergie. Heureuse alors celle qui ayant eu des principes religieux, reporte toutes les facultés de son être vers son auteur. Alors, elle ne regarde plus la vie que comme un voyage, dont le terme est l'éternité. Eternité! mot que nous prononçons sans le comprendre, mais qui nous accablant de son immensité, rend vils et méprisables tous les autres intérêts qui finissent, et cette pensée du néant de nos jouissances, change nos douleurs, en une douce mélancolie, mille fois préférable à la folle joie du monde..... Mais, reprit Alix, que peut l'idée d'un avenir sans fin, pour calmer les peines que nous cause un amour malheureux? — Ce qu'il peut, madame? Tout. Supposez l'objet d'un amour légitime, car il n'y a d'amour que celui-là; qu'il soit infidèle; il est doux de penser que ses yeux s'ouvriront un jour, et que réunis dans le sein de Dieu, il reprendra pour sa compagne les sentimens qu'il lui doit; mais dans un dégré si éminent?.... — Quoi! Les liens que la mort seule peut rompre, reprendront leur force dans le ciel!— Sans aucun doute, et cette union sera bien plus tendre que sur la terre: car alors, cet amour aura toute l'ardeur de celui qui unit entre elles les ames heureuses, et n'aura d'autre terme que l'éternité.—Ah! s'il en est ainsi, monsieur, qu'on doit désirer de quitter ce monde, où tout est incertitude, trahison!—Nous devons y rester tant qu'il plaira à la Providence de nous y laisser; mais, je le répète, comme des voyageurs, qui ne perdent jamais de vue le but de leur course, et ne s'attachent à rien de ce qui périt, et voilà pourquoi les sentimens vertueux, qui occupent les hommes pendant la vie, sont réellement dignes de notre ame, parce qu'ils devancent sur cette terre d'exil les jouissances qu'ils nous promettent dans le ciel.

Alix écoutait dans un saint recueillement les paroles de l'homme de Dieu, elles semblaient lui ouvrir une nouvelle carrière : elle ne put résister à lui témoigner sa reconnaissance. « Ah ! monsieur, lui dit-elle à voix basse, que de bien vous me faites ! je sens que c'est la Providence qui vous a destiné à me conduire dans le court chemin qui me sépare de l'éternité. Promettez-moi de me diriger par vos conseils : venez quelquefois, je vous en conjure, à Bonneville, je suis sûre que mon mari vous y verra avec un grand plaisir : c'est une si belle ame, qu'il est impossible qu'il n'honore pas tout ce qui est vertueux ! Puis ma mère et ma tante ont une dévotion si douce, si aimable, que vous vous entendrez à merveille avec nous. Le curé remercia Alix de tout ce qu'elle lui disait de gracieux, et lui promit de répondre à son invitation.

CHAPITRE XIII.

Ils continuèrent à s'entretenir de tout ce qui avait rapport à la situation d'Alix, sans rien dire de positif. Pendant ce tems, madame de Sériol racontait à Adolphe et à Philiberte, toutes les aventures de sa jeunesse, et rapportait des anecdotes très-piquantes de la cour des Médicis, entre autres, sur madame de Chevreuse, dont Philiberte était proche parente; et tout ce qu'elle disait de son esprit, de sa politique, enchantait Philiberte, qui ne cessait de répéter : « Si j'étais mariée, j'irais à la cour.! je suis bien sûre que ma tante me recevrait bien. — Ah ! vous n'en pouvez douter, reprenait Zéphirine! elle aime les belles personnes, et surtout, lorsqu'à la beauté se joint l'esprit : madame de Chevreuse raffolerait de vous, et vous mettrait dès l'instant dans les bonnes grâces de la reine. Ah! pensez donc, M. de Bonneville, quel plaisir d'être la favorite de la reine! — Je ne tiens pas beaucoup à la faveur des rois ; je donnerais ma vie pour eux en tems de guerre, je dis guerre étrangère ; en tems de paix, je crois qu'un gentilhomme fait beaucoup plus de bien dans ses terres, qu'il n'en peut espérer du métier de courtisan. — Je suis bien aise que vous me disiez franchement votre façon de penser.. Quelquefois je me disais : si les circonstances avaient fait que je vous eusse connu avant votre mariage, et que mon père vous eût désigné pour mon époux, vous croyant la noble ambition, qui sied si bien à une naissance illustre, je ne me serais pas opposée à ce projet. » Et comme elle vit que M. de Bonneville voulait lui témoigner sa reconnaissance, elle ajouta : « Vous ne m'en devez aucune, car, avec votre manière de penser, vous me plaisez comme société ; mais pour mari, si vous étiez libre, et que vous eussiez pour domaine une province entière, vous ne me conviendriez en aucune manière. » Elle prononça ces mots avec tant de hauteur, que M. de Bonneville en fut atterré, et jetant un regard sur sa compagne, dont la lune éclairait les traits, il trouva quelque chose de si touchant et de si candide sur sa charmante physionomie, que, sans répondre un mot, il vint s'asseoir auprès de la baronne, et dit en souriant : « Voilà assez long-tems que vous causez tête-à-tête avec le pasteur, je veux aussi avoir ma part de ce que vous dites, qui sûrement est intéressant. — J'avoue, reprit Alix, que je n'ai jamais entendu parler d'une manière aussi touchante, du moyen d'être heureux. — Il n'en est qu'un, reprit Adolphe, c'est d'être vertueux. — Je suis de votre avis, ajouta le curé, mais souvent la vertu seule ne rend pas heureux; si ce n'est la vertu des sages de l'antiquité, encore elle est insuffisante. Tout ce qu'ils disent du mépris des richesses, de la douleur physique, de la mort, tout cela est fort beau dans leurs écrits, mais leur excessif orgueil gâte leur morale, qui ne vaut pas, pour la paix du cœur, la résignation et la pensée consolante, que nos souffrances ne sont que des épreuves destinées à ajouter à notre triomphe. Ce n'est pas que je rejette cette maxime, que sans vertu point de bonheur; rien n'est plus vrai, et..... » Madame de Sériol interrompit la suite de ce raisonnement, ayant parfaitement senti que ce que mademoiselle de Merci avait dit au baron, l'avait blessé; et, en le voyant s'éloigner pour causer avec le curé, elle ne douta pas que la manière dont Philiberte s'était expliquée, avait donné à Adolphe mauvaise opinion de son caractère; elle craignit qu'il ne cessât de venir à Champfleury. Elle se hâta donc de se rapprocher de la baronne, de lui demander, avec l'expression d'un véritable intérêt, si le froid qui précède toujours l'aurore, ne lui ferait pas de mal. — Je ne le crois pas, et je vous remercie, madame, de vous occuper de moi, qui compte si peu dans la société. — Mais vous avez grand tort; il ne vous manquait, pour y tenir un rang distingué, que d'avoir de la fortune ; et je me plais à penser, ma chère Alix, que j'ai contribué plus que personne à vous en faire avoir une fort belle. — Je n'ai point oublié, madame, que c'est vous qui avez eu la première pensée de mon mariage avec M. de Bonneville ; mais ce n'est pas sa fortune qui m'a rendu cette alliance précieuse, c'est son amour, son attachement à tous ses devoirs, le noble emploi qu'il fait de ses biens, enfin, ses qualités personnelles, si fort au-dessus de ses richesses. — Ah! s'écria le baron, en prenant la main de sa femme, qu'il couvrit de baisers, mon Alix, quel mortel serait assez malheureux pour ne pas sentir le prix du trésor qu'il possède, en ayant une femme comme toi ! c'est moi qui dois une éternelle reconnaissance à madame de Sériol, de m'avoir procuré l'inestimable bonheur de t'être uni.... — En vérité, voilà de part et d'autre, dit Philiberte, des déclarations bien précises ; je conçois que le baron ait du goût pour la vie patriarchale. — C'est bien la meilleure ! reprit le curé. — Oui, dans le tems où ces respectables personnages existaient ; mais à présent, je ne verrais aucun plaisir à aller, une cruche sur la tête, chercher de l'eau à la fontaine, quand je devrais y rencontrer un ambassadeur, avec des chameaux, des esclaves, des présens; le tout pour me demander en mariage. J'aime tout autant rester dans mon château, à attendre que mon père ait fait un choix. — Qui, peut-être, ne vous conviendra pas!— Il ne pourra me déplaire, si celui que M. de Merci me présente est un homme d'une naissance illustre, et ayant une noble ambition. — Que de choses, ajouta le curé peuvent rendre malheureuse la femme d'un semblable personnage! Ne peut-il pas, avec ces avantages, être d'une physionomie désagréable, d'un caractère dur, fâcheux, jaloux, avare, sans esprit?— Voilà, en vérité, mon cher pasteur, un charmant portrait que vous nous faites; mais il n'y a pas de doute qu'alors je le refuserais.

L'aurore commençait à paraître, et on apercevait les tourelles de Bonneville. On ne tarda pas à longer les murs du parc, et enfin, on aborda près d'une grille qui fermait l'entrée d'un escalier taillé dans le roc, qu'il fallait monter, pour arriver sur la terrasse du château. Il y avait à cette grille une très-forte sonnette, qui s'entendait de tout le château. M. de Bonneville sauta le premier à terre, sonna, mais demanda pardon à ces dames, si on les faisait attendre ; que selon toute apparence, personne n'était levé au château. Rien ne presse! répartit Philiberte. On fut moins de tems à venir ouvrir, qu'Adolphe ne l'avait imaginé, parce que mesdames de Lignac et de Blézaire, inquiètés de la baronne, ne s'étaient pas couchées. Elles entendirent la sonnette, et envoyèrent aussitôt à la grille du bord de l'eau, savoir qui sonnait; car ce n'était pas de ce côté qu'elles attendaient leur amie. On vint donc ouvrir; alors le baron présente la main à mademoiselle de Merci, pour l'aider à descendre. « Je vous remercie, mon intention est de retourner au moment même à Champfleury. — Comment, mademoiselle, dit Alix, vous ne me ferez pas l'honneur de déjeûner chez moi, avant de vous remettre en route? — Impossible! je tombe de sommeil. — Mais, reprit le baron, vous pourriez, mademoiselle, vous coucher quelques heures. — Non, je vous dis, monsieur, que je ne veux, ni ne peux rester. » Alix n'insista pas, lui répéta qu'elle aurait l'honneur de lui faire savoir le jour de la fête; qu'elle se flattait qu'elle l'embellirait par sa présence. Philiberte fit une légère inclination, et ne répondit rien. Le curé ne pouvait pas laisser la dame de paroisse revenir seule au château ; ainsi, il ne put accepter ce qu'Alix lui offrait. Adolphe déguisa avec peine l'humeur qu'il éprouvait ; cependant, il aida la baronne à sortir du bateau, et prit son enfant dans ses bras, pour le donner à la berceuse, qui avait passé seule à terre ; il se retourna alors vers Philiberte, et lui dit : « Je ne sais, mademoiselle, ce qui m'attire votre colère, mais je vous avoue que je ne me croyais pas coupable. — Vous ne l'êtes nullement : Un patriarche comme vous ne connaît pas ces petites nuances de société, que nous autres modernes, nous appelons de la politesse. Adieu, monsieur, puisse

Abraham vous combler de ses bénédictions ! » Adolphe, outré de se voir plaisanter par Philiberte, la salua, et suivit sa femme, qui déjà était au bas de l'escalier. La barque aussitôt vira de bord, et suivit le cours du Cher. Un vent favorable aidait le courant, de sorte qu'en fort peu d'instans, elle disparut dans le premier détour que fait la rivière, et avec elle, les sages résolutions qu'Adolphe venait de prendre; et il ne ressentait plus que l'inquiétude d'avoir entièrement perdu les bonnes grâces de la fière Philiberte. Aussi, quand ce couple, dont la fatalité semblait se plaire à détruire la félicité, arriva dans le vestibule, le baron eut toutes les peines du monde à cacher l'humeur qu'il ressentait du départ de mademoiselle de Merci, et il répondit sèchement à ce que mesdames de Lignac et de Blézaire disaient à Alix, sur les inquiétudes que leur absence leur avait causées. « On ne peut, mesdames, être sûr de revenir à une heure ou à une autre, ou ce serait un véritable esclavage ! » Alix, pour empêcher que ses respectables parentes ne fussent choquées de cette réponse, les combla de marques de tendresse, et exprima tous ses regrets de les avoir fait attendre, les supplia de se coucher, ce qu'elle allait faire elle-même ; et ces dames, parfaitement rassurées sur la santé de ceux qui leur étaient chers, leur souhaitèrent une bonne nuit, et se retirèrent dans leur appartement : ainsi, ce premier moment se passa sans orage ; mais à peine la baronne eut-elle quitté sa mère et sa tante, qu'Adolphe rendit sa compagne responsable du départ de mademoiselle de Merci. « C'est à votre affectation, madame, à rester à causer avec ce vieux curé, au lieu de vous mêler à notre conversation, que l'on peut attribuer ce mal-entendu, à votre jalousie, votre peu de complaisance pour ce qui me fait plaisir. — Je vous voyais oublier ce digne vieillard, qui sûrement n'était venu que par politesse avec ces dames ! il était naturel qu'au moins quelqu'un s'occupât de lui. — Enfin, me voilà brouillé avec ma plus proche voisine, et cela est très-désagréable ! — Je ne crois pas en être cause, et je suis fâchée si cela vous contrarie, car, pour moi, je ne la regretterais en rien, son ton, ses manières m'étant désagréables. — J'en suis désolé ! cependant, je compte faire l'impossible pour que ce nuage se dissipe ; car il est toujours fâcheux d'être mal avec ses voisins. — Vous êtes le maître, monsieur, de faire ce qui vous plaira : toutes les personnes de la société qu'il vous conviendra d'avoir, je tâcherai qu'elles trouvent chez moi les égards, la politesse que l'usage prescrit, et qu'en vérité mademoiselle de Merci ne pratique guères. » Le baron, qui ne pouvait pas se dissimuler que Philiberte s'était très-mal conduite avec Alix, ne répliqua rien, lui souhaita le bonsoir et se retira,

CHAPITRE XIV.

A PEINE le baron fut-il sorti du salon, qu'Alix se reprocha de l'avoir affligé. Voilà comme je suis, disait-elle ! j'aime Adolphe plus que moi-même, et je ne puis m'empêcher de lui causer de la peine, en lui faisant remarquer les ridicules de sa chère Philiberte : qu'y gagnai-je ? je l'éloigne de moi ; il ne se serait pas retiré dans sa chambre, si j'avais su me taire ; voilà qui est fini, je ne parlerai plus de mademoiselle de Merci : ne peut-il pas la trouver aimable, sans cesser de m'aimer ? Ne venait-il pas de me dire les choses les plus tendres. Ah ! j'ai eu tort, bien tort ! mon pauvre Adolphe va être malheureux ! Si j'osais, j'irais le trouver ! non, il ne le faut pas, il croirait.... Et, pour réparer le mal que je lui ai fait, demain matin, je lui proposerai d'aller à Chamfleury, nous informer de la santé de Philiberte ; il sera sensible à cette démarche. Ah ! que ne ferais-je pas, pour que mon Adolphe fût le plus heureux des hommes ! Enchantée d'avoir eu cette idée, elle quitte le salon, et entre dans son apparement, où elle trouve sa fille réveillée, et qui lui tend ses petits bras. Quels chagrins les caresses d'un enfant ne font-elles pas oublier à une mère ! Elle prend sa petite, lui présente son sein ; bientôt l'enfant s'endort, et sa tendre mère la voyant lui sourire en dormant, oublie Philiberte, les sujets d'inquiétude qu'elle lui avait donnés, et reprend une sécurité qui ne devait pas durer; mais qui au moins lui donne une nuit tranquille.

Il n'en était pas de même du baron : il ne supportait pas l'idée d'avoir perdu la société de Philiberte, et de penser qu'elle ne viendrait pas à la fête. D'un autre côté, il ne se dissimulait pas qu'il y avait une grande différence du caractère d'Alix à celui de son orgueilleuse voisine. Je trouve celle-ci belle, pleine d'esprit; je me plais avec elle comme ami, mais je bénis le ciel de ne l'avoir connue, que lorsque j'étais lié par des nœuds indissolubles, parce que j'aurais, j'en suis sûr, été fort malheureux avec elle. Cependant il éprouvait une grande contrariété, en pensant qu'il était brouillé avec Philiberte, et ainsi, mal avec lui-même, mécontent d'Alix, sans pouvoir toutefois l'accuser. Il passa une très-mauvaise nuit, se leva avec humeur, et comme il avait sonné son valet-de-chambre, pour l'habiller, il entendit ouvrir sa porte. Croyant que c'était Clément qui se rendait à ses ordres, il ne se retourna pas pour voir qui entrait, et comme il était fortement occupé de la crainte qu'il avait de voir rompre ses rapports avec Philiberte, il se parlait à lui-même. — Ne plus voir mademoiselle de Merci ! comment ferai-je ? elle fait tout le charme de la société. Tant d'esprit, de beauté ! je sens que je ne pourrais vivre sans elle. » Alix entendant l'éloge de sa rivale, fut au moment de retourner sur ses pas, et de renoncer à son projet; mais, par un effort au-dessus de ce que l'on peut imaginer, elle renferma la douleur que les discours de son mari lui causaient; et, l'abordant d'un air riant, elle lui dit : « J'ai une partie à vous proposer; il fait le plus beau tems du monde, nous pourrions monter à cheval, et aller demander à déjeûner à mademoiselle de Merci. »

Adolphe, que l'apparition de sa femme avait saisi, craignant qu'elle n'eût entendu ce qu'il se disait à lui-même, fut bien agréablement surpris par la proposition qu'elle lui faisait, d'aller à Champfleury; ne pouvant penser, d'après cela, qu'elle eût rien entendu, il se hâta de l'assurer qu'il ferait tout ce qu'elle voudrait, et que sûrement Philiberte serait très-sensible à cette prévenance de sa part. Alix ne répondit rien, et se hâta de se retirer, en disant qu'elle allait s'apprêter pour monter à cheval, et qu'elle priait Adolphe de donner des ordres, pour que les chevaux ne se fissent pas attendre.

Elle rentra dans son appartement, se renferma dans son oratoire ; là, en présence de Dieu, elle déplora le malheur de n'être plus le premier objet de la tendresse de son époux. Elle ajouta la solennité du vœu à la résolution que déjà nous lui avons vu former, de souffrir en silence ; elle promit à celui qui accepte ce que lui offre un cœur pur, de ne jamais se plaindre des torts de son mari, ni à lui, ni à madame de Lignac ; elle remplit ce vœu avec la plus scrupuleuse exactitude, ce qui, la livrant à l'effet terrible d'un chagrin renaissant, brisa les ressorts d'une machine trop délicate pour supporter le poids de son infortune ; mais n'anticipons pas sur les événemens. Adolphe, enchanté de la proposition que lui avait fait sa femme, donna les ordres nécessaires, pour que rien ne s'opposât à cette partie, qu'il regardait comme la chose du monde la plus agréable.

Alix passa chez sa mère, pour s'excuser, si elle ne se trouvait pas au déjeûner, mais qu'elle allait monter à cheval avec M. de Bonneville, et que, selon toute apparence, ils s'arrêteraient à Chamfleury, où ils déjeûneraient. Madame de Lignac, par l'instinct maternel, prévoyant les maux que Philiberte ferait à sa fille, ne faisait pas grand cas de sa société ; mais cependant, elle avait aussi pris la résolution de ne lui plus faire aucune observation ; elle secoua seulement la tête, et ne dit rien ; et madame de Blézaire supplia Alix de revenir pour dîner, parce qu'il n'y avait de plaisir pour sa mère, que lorsqu'elle était au château, et elle le lui promit.

« Pauvre enfant ! dit madame de Lignac, elle ne sent pas tout le danger qu'elle court avec cette folle de Merci et son astucieuse amie ; mais je n'ose plus rien dire ; elle s'offense de mes avis ; quant au baron, il trouve ces femmes charmantes ; Dieu veuille que cela n'aille pas plus loin ! — Lorsque Philiberte sera mariée, reprit madame de Blézaire, ce ne sera pas la même chose. — Il faut l'espérer ; mais elle ne se marie point ! bien des hommes seront séduits par sa beauté; mais, quand ils connaîtront son caractère, ils s'éloigneront: qui pourrait vouloir vivre avec un être aussi orgueilleux, aussi despote! malheur à celui qui sera son mari! — Elle n'en manquera pas! un beau nom, une grande fortune; on ne s'enquiert que de cela: le reste s'y trouve ou ne s'y trouve pas, c'est bien indifférent.... » En disant cela, elle s'approche de la fenêtre, et voit Alix montant à cheval: celle-ci leva les yeux, et apercevant sa mère, elle les tourna vers elle, et son regard était si mélancolique, qu'il peignit malgré elle l'affreuse contrainte qu'elle éprouvait. « Ah! dit sa mère, la pauvre enfant aimerait mieux passer la matinée avec nous deux, que de courir avec le baron; mais enfin elle fait bien! le premier devoir d'une femme est de plaire à son mari. » Ces dames descendirent dans la salle à manger, y déjeûnèrent, et se promenèrent dans le parc avec la jolie petite Elyse, qui les aimait toutes deux avec une égale tendresse ; leurs soins l'empêchèrent de s'apercevoir de l'absence de sa mère.

Pendant la route, celle-ci fut si aimable avec son mari, qu'il s'estimait heureux qu'elle n'eût point entendu, à ce qu'il croyait, ce qu'il disait de Philiberte, d'autant plus que dans le moment dont nous parlons, il ne le pensait pas, et ne se sentait nul besoin d'une autre société que de celle d'Alix. Ils continuèrent néanmoins leur chemin, et arrivèrent à Champfleury. « Le voilà, le voilà! dit madame de Sériol à sa pupille; il a plus de caractère que je ne croyais ; car sûrement la petite personne ne vient pas ici de plein gré. — Pourquoi y vient-elle, reprit la fière châtelaine ! je n'en ai nul besoin. — Fort bien ; mais le pauvre Bonneville a grand besoin de vous voir, se consoler, par le charme de votre société, de ne pouvoir....

On annonce M. et madame de Bonneville. Philiberte se lève, va au-devant de la petite baronne, la baise sur les deux joues, avec l'expression d'une sincère amitié. — « Que vous êtes aimable, ma chère Alix ! vous venez sûrement me demander à déjeûner ? c'est charmant ! — J'étais inquiète, madame, de votre santé et de la manière dont vous aviez fait votre voyage ; j'ai proposé à M. de

Bonneville de venir savoir de vos nouvelles. — Quoi! c'est vous, ma chère voisine! c'est mille fois plus intéressant. — Croyez, madame, reprit le baron, que j'avais le même désir que madame de Bonneville. — Oui, c'est toujours comme cela dans les bons ménages; ce que l'un propose, l'autre l'avait déjà souhaité. J'étais ainsi avec ce pauvre Sériol, quand la tourmente politique nous a séparés.... » Un moment après, on servit le déjeûner.

Mademoiselle de Merci parut toute occupée de la jeune femme, et très-peu du mari, dont la position se trouvait fort pénible entre sa femme et celle qui malgré lui, lui tournait la tête. Il tâcha cependant de s'en tirer, en disant alternativement, à l'une et à l'autre, des choses flatteuses, mais il manquait son but. La coquette (et on pense bien que c'est de Philiberte dont je parle) ne supportait pas que l'on pût trouver la moindre perfection dans sa rivale; et Alix qui savait que son mari aimait mademoiselle de Merci, trouvait tout ce qui s'adressait à celle-ci une confirmation de son malheur, et ce qui lui était adressé directement comme autant de mensonges, de sorte qu'il n'était guère mieux traité par l'une que par l'autre, quoique cependant madame de Bonneville dissimulât, autant qu'elle pouvait en être capable, les tourmens de la jalousie.

Les passions prennent toujours le caractère du cœur qui les reçoit. Alix, douce, tendre, sensible, timide et résignée, pourrait mourir de jalousie, mais ne fera souffrir personne des maux qu'elle éprouvera. Philiberte, altière, emportée, et d'un orgueil insupportable, sacrifiera tout à sa passion ; elle comptera même pour rien les chagrins qu'elle versera sur la tête d'Adolphe, pourvu qu'elle le force à se déclarer son plus humble esclave, que personne ne doute qu'il n'aime qu'elle, sans néanmoins lui accorder la plus légère faveur, sans même lui en laisser l'espoir : elle commence donc dès ce jour à suivre ce système. Je l'ai dit, tout le tems du déjeûner, elle ne parla qu'à Alix ; le sujet qu'elle traite est inépuisable ; il s'agit de la parure du jour de la fête. En repassant dans sa chambre, elle sonne ses femmes, fait apporter ses robes et des pièces d'étoffe pour choisir dans ce grand nombre celle qui releverait davantage la blancheur éclatante de son teint, la majesté de sa taille. Si elle ne disait pas précisément cela, elle le faisait entendre. Alix admirait combien l'amour-propre est maladroit, quand il fait renoncer les femmes à cette simplicité modeste qui leur sied si bien. Enfin, on ne parla que de la fête, et il fut convenu que ces dames viendraient coucher la veille à Bonneville, pour que leur toilette ne fût pas dérangée par la route. On pense bien que ce fut madame de Sériol qui proposa cet arrangement, et que la pauvre Alix n'eut pas même l'idée de s'y opposer. Enfin, la matinée s'avançant, madame de Bonneville engagea son mari à retourner chez eux; il ne pouvait s'y refuser, Alix ayant ajouté que son lait lui faisait mal, et que sûrement sa petite l'attendait avec impatience. On amena les chevaux, et M. et madame de Bonneville partirent, non sans que le premier eût répété quatre à cinq fois que la fête était pour dans trois jours. « Ainsi, ajouta-t-il, à demain au soir ; nous vous attendrons, mademoiselle et l'aimable Zéphirine. » Ces dames le promirent, et bientôt on s'éloigna de Champfleury.

Adolphe, très-reconnaissant de ce que sa femme l'avait raccommodé avec sa belle voisine, fut fort aimable avec elle pendant la route ; et si Alix n'eût pas entendu son misérable monologue, elle se serait crue aimée;

mais ces funestes mots : *Je ne puis vivre sans voir mademoiselle de Merci*, lui étaient sans cesse présens.

CHAPITRE XV.

La journée néanmoins se passa assez bien, et mesdames de Lignac et de Blézaire ne se doutèrent en aucune manière, que notre chère Alix eût le moindre sujet de plainte contre son mari.

Philiberte et Zéphirine arrivèrent à l'heure précise, et M. de Bonneville ne se sentait pas de joie de posséder la belle de Merci, qui déplaisait complétement à mesdames de Lignac et Blézaire, à qui elle ne dit pas quatre mots, et guère plus à Alix. Elle avait bien le projet d'être aimable avec ces trois dames, dont elle voulait capter la bienveillance, pour être souvent à Bonneville où elle s'amusait beaucoup mieux qu'à Champfleury, mais le penchant à la coquetterie l'emporta, et elle fut encore insupportable toute la soirée, étant avec Adolphe d'une familiarité remarquable. Alix ne pouvait y tenir; mais se souvenant de son vœu, elle fit effort sur elle-même pour n'en pas paraître choquée ; et cherchant à se faire illusion à elle-même, elle se mêla à leurs jeux, et avait soin de s'approprier autant qu'elle le pouvait, tout ce qu'il aurait voulu donner à Philiberte. Souvent un baiser qu'il croyait donner à mademoiselle de Merci, c'était la joue de sa rivale qui le recevait;

mais ces larcins, que l'amour trouvait bien le moyen de reprendre, ne donnaient à Alix qu'une joie factice; car elle ne démêlait que trop dans tous les mouvemens de son mari, qu'il aimait sa belle voisine, et regrettait de ne lui être pas uni. Enfin, la soirée finit, et ces dames se prévinrent mutuellement, de la nécessité où elles seraient de ne pas se voir le lendemain matin à cause des apprêts d'une toilette, dont elles ne pouvaient se dispenser de s'occuper. Il fut donc convenu que l'on ne se réunirait pas pour le déjeûner, ce qui convenait fort à Alix, qui par ce moyen, espérait jouir seule de la société de son mari. Il n'osera pas se disait-elle, aller chez Philiberte, lorsque celle-ci m'a dit à moi-même qu'elle ne voulait point être distraite dans les graves occupations que lui donne sa toilette.

Le soleil se leva radieux, et tout annonçait un beau jour : Alix n'avait pas seulement à s'occuper de sa toilette, il fallut aussi qu'elle présidât à ce que toute la maison annonçât ce bel ordre, qui donne une idée avantageuse des maîtres d'une maison et de leur fortune.

La fête devait commencer par un déjeûner de chasseurs, qui précéderait un tir dans le parc ; les dames ne devaient pas y être ; mais il n'en fallait pas moins, que ce premier repas fût aussi abondant que bien servi. Le baron devait en faire les honneurs, et Alix eut soin qu'il y trouvât les mets qu'il aimait ; pour elle, elle déjeûna avec sa mère et sa tante, auxquelles elle avait fait apporter des robes conformes à leur âge, mais riches, de bon goût, et pour chacunes une parure de dentelles. Madame de Lignac et sa sœur remercièrent leur fille, car toutes deux se croyaient la mère d'Alix, de cette aimable attention, et lui promirent de s'habiller de bonne heure, pour être dans la galerie quand on commencerait à arriver. M. de Bonneville étant à ce que croyait Alix, avec les chasseurs, elle allait se renfermer dans son appartement, pour songer enfin à la grave affaire d'ajouter à l'éclat de ses charmes par la brillante parure que le baron avait fait venir de Paris pour elle, lorsqu'on lui remit une lettre, dont la seconde adresse était à madame de Sériol; pensant qu'il pût y avoir des raisons pour que madame de Sériol ne voulût pas que l'on sût qu'elle recevait cette lettre, elle crut qu'elle ne pouvait la confier à personne: elle monte à l'instant chez ces dames, et trouvant la clé à la porte, elle ouvre, et quel est son étonnement en voyant M. de Bonneville presqu'aux genoux de Philiberte, tandis que la sage institutrice donnait toute son attention à former une guirlande de fleurs qu'on lui avait envoyée d'Italie. M. de Bonneville s'éloigne aussitôt, et tout annonce en lui le trouble que la présence d'Alix lui cause.

J'ai rompu, dit Alix en entrant, la convention faite hier au soir, de ne nous voir que dans la galerie, parce que j'ai reçu une lettre pour madame de Sériol, sous mon couvert ; j'ai craint qu'elle ne fut pressée, sans cela j'aurais mieux gardé nos conventions que M. de Bonneville. Madame de Sériol prit la lettre ; Philiberte répondit : vous avez raison, madame, de gronder votre mari, il y a une heure que je le renvoie, et il ne veut pas s'en aller. — Je déteste la chasse au tir, je n'aime que celle à courre ; mais cependant il faut que je retourne au rendez-vous, sans cela je me ferais jetter la pierre. Adieu, mesdames ; tâchez de ne pas employer tout l'ascendant que vous avez reçu de la nature, pour nous ôter le peu de raison qui nous reste. — Tant pis pour vous, reprit Philiberte, votre raison ne nous inquiète guère. — Voilà un plaisant original, reprit madame de Sériol, prendre tant de précautions pour m'annoncer qu'il m'envoie un chien d'Espagne, et m'engager à faire trouver chez moi quelqu'un qui puisse me l'apporter ici ou à Champfleury; je vous demande bien pardon de cette importunité, mais ce sont de ces gens qui ne doutent de rien. Madame de Bonneville qui, pour tout au monde, aurait voulu n'être pas montée, dissimula sa peine, et s'efforça de plaisanter sur l'importance du petit chien, envoyé de si loin, et sortit, lorsqu'elle pensa que M. de Bonneville n'était plus dans le château; lorsqu'elle voulut se retirer dans son appartement, quelle fut sa surprise en ouvrant la porte, d'y trouver Adolphe! elle en fut tellement étonnée qu'elle fit un cri.—

Est-ce d'effroi, ma bien-aimée, je vous suis donc devenu bien odieux? — Vous savez bien que non, Adolphe! dit-elle en se jettant sur un canapé; elle n'y était pas qu'Adolphe tomba à ses genoux. — Pardonne mon Alix! je suis un fou, je n'aime que toi, une triste fatalité m'entraîne aux pieds de mademoiselle de Merci! mais je te jure que mon cœur est tout à toi. L'accent de la vérité qui accompagnait ce peu de mots, ce sentiment involontaire de vanité qui ne permet pas de croire que l'on peut être sacrifiée sans raison, prêtaient aux paroles d'Adolphe une autorité qu'elles n'auraient pas méritées. — Oui, je te crois, mon Adolphe, j'ai trop d'intérêt à ne point douter que tu m'aimes, pour qu'un mot de toi ne me rassure pas; mais ménage ma sensibilité: je ne te fais pas de reproches; pourquoi avoir quitté la chasse? pourquoi venir chez mademoiselle de Merci? — Je te l'ai dit, mon amie, parce que je suis un fou, mais je t'assure que c'est le dernier accès; que rien, mon Alix, ne trouble ta tranquillité, et crois que la mère d'Elyse a des droits, que rien ne pourra balancer dans mon cœur; et la serrant dans ses bras, il lui donna le plus tendre baiser. Alix parut croire à ce que lui disait son époux; mais elle ne voyait que trop clairement qu'il se trompait lui-même, que son amour pour elle était éteint, et qu'il ne lui restait qu'un léger souvenir de leur tendresse. Elle s'efforça de sourire, mais une larme trahit le trouble de son ame. Adolphe parut au désespoir, et il fallut qu'à son tour, Alix le rassurât, et lui promît qu'elle ne confondrait jamais une légère fantaisie avec l'amour tendre et vertueux qu'elle avait été assez heureuse pour lui inspirer.

Fin du Tome premier.

On trouve dans mon Magasin:

MÉMOIRES d'une Contemporaine, 8 vol. in-8.º
— de madame de Campestre, 2 vol. in-8.º
— du Duc de Rovigo, 8 vol. in-8.º
— d'un jeune Jésuite, 1 vol. in-8.º

HISTOIRE DE NAPOLÉON, par NORVINS,
4 vol. in-8.º

LES SOIRÉES DE NEUILLY, 2 vol. in-8.º

Et généralement tous les MÉMOIRES, VOYAGES et autres ouvrages devenus nécessaires aux Cabinets de Lectures.

LA JOLIE FILLE DE PERTH et toute la Collection de WALTER-SCOTT. — LE CORSAIRE ROUGE et toute celle de COOPER. — LE CHAMP DES QUARANTE PAS et tous les autres Romans des deux Miss PORTER. — CONNAL ou les MILÉSIENS, et les autres de MATURIN. — LE LOUP DE BADENOCH et les autres de MACCAULEY. — L'AGENT PROVOCATEUR et toute la Collection de DINOCOURT. — LE MÉNÉTRIER, VÉRONIQUE de ZSCHOKKE. — Les Collections complètes de Victor DUCANGE, de Paul de KOCK, enfin, toutes les Nouveautés à mesure de leur mise en vente.

Doyen de la Librairie Romancière que j'exploite depuis trente ans, je possède un assortiment considérable de Romans qui se trouveraient difficilement ailleurs.

C'est par la modération dans mes prix que j'ai formé ma clientelle; c'est par là que je veux la soutenir.

www.ingramcontent.com/pod-product-compliance
Lightning Source LLC
Chambersburg PA
CBHW060128170426
43198CB00010B/1080